U0165819

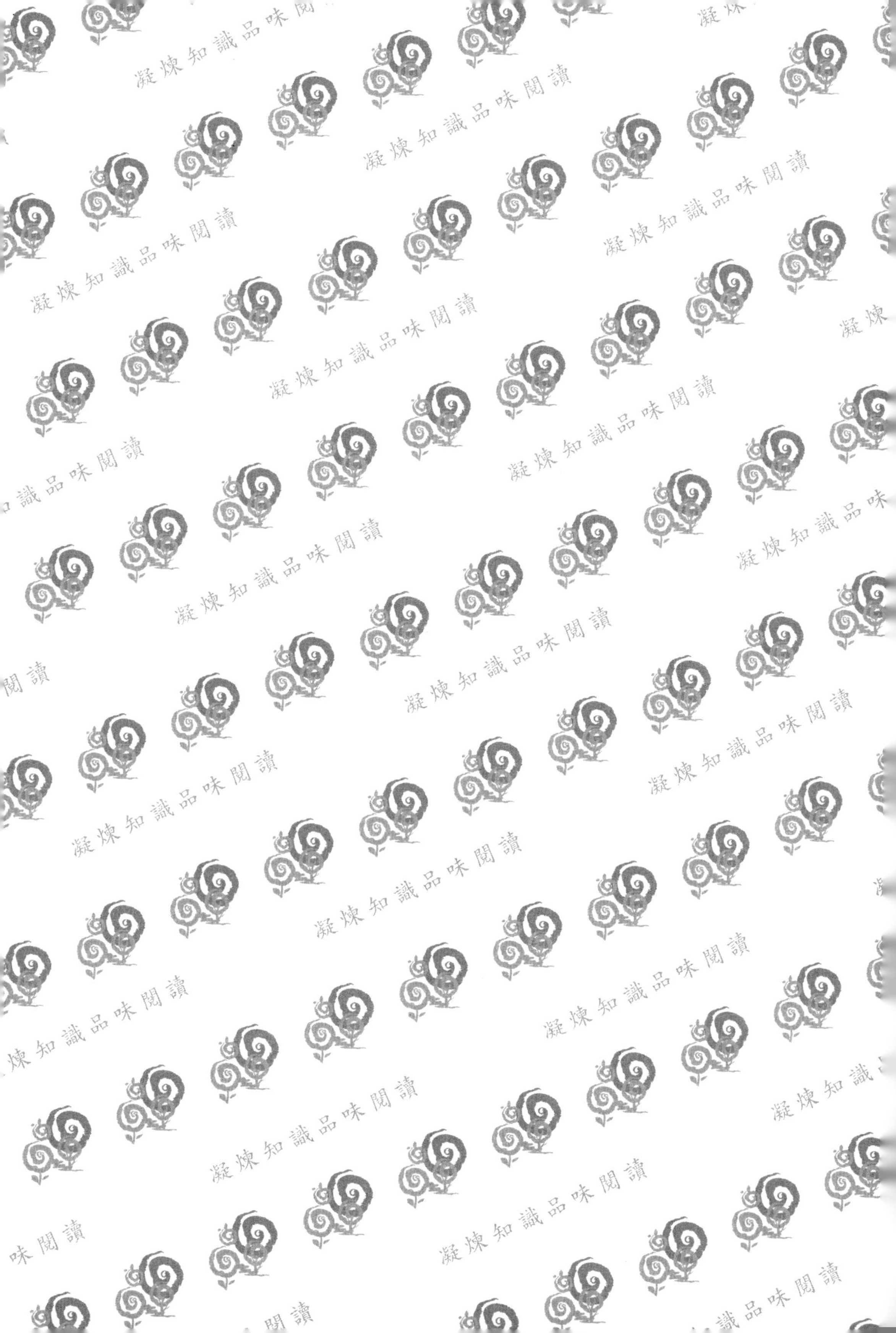
凝煉知識品味閱讀

食在礦溪
彰化市飲食產業故事

葉連鵬、黃慧鳳 主編

蔣敏全 等著

五南圖書出版公司 印行

主編序1

食在磺溪，實在磺溪
來一趟老城市的新旅行吧！

磺溪是彰化的古稱，彰化在西元1723年建縣，當時選定半線社所在的彰化市作為縣治所在地，至今已經接近三百年歷史，由於彰化市是清領時期臺灣中部的政治中心，人才的聚集和商業的發達，讓這座城市擁有豐厚的人文底蘊，除了留下諸多古蹟之外，也產生豐富的飲食文化，人家說：「富過三代，才懂吃穿。」可見精緻的飲食文化需要一定歲月的積累才能有所成。即便後來中部的發展重心轉往臺中，造成彰化市的逐漸沒落，但這裡的飲食文化仍然傲視全臺，不僅擁有諸多百年老店，美食小吃更是聞名全臺，像是肉圓和爌肉飯，已經成為「彰化」的代名詞，很多人來彰化，不管是洽公還是旅行，總不忘記品嚐在地美食，否則就像沒有到過彰化。而彰化在地人在這種處處有美食的環境下成長，不免養成懂得品嚐美食與挑剔的嘴，因此，想在美食店家林立的彰化市立足飲食產業，就一定要有兩把刷子，也讓店家更用心製作他們的產品，以滿足顧客的需要。所以，能在彰化生存多年的飲食店家，一定有其獨到的地方。

彰化師範大學立足彰化市，與所在的地方早已成為命運共同體，因此協助地方產業發展，也是大學應有的社會責任。本校臺灣文學研究所成立於2005年，除了培育語言、文學與文化的研究人才，也希望他們習得帶得走的實用技能，未來在各行各業都能發揮所長，語言文字的內化具體呈現於「敘事力」的功夫上，因此如何讓文章達到最好的溝通和傳播效果，這是需要學習的。基於此，我邀請黃慧鳳老師擔任協同主持人，以「食在磺溪——彰化市飲食產業故事敘事力培育計畫」向教育部申請經費補助，希望能一方面培育學生採訪報導與寫作能力，一方面也帶領學生走入地方、了解地方，並能進一步協助地方的產業發展，幸運地獲得審查委員的肯定，讓我得以進行這項計畫。修課的學生中，不僅背景多元，對文字的運用能力也不一，且只有極少數的學生有經驗，如何讓他們在課程中習得基本的能力是一項挑戰，課程中我邀請林明德、陳淑華、簡慧珍、楊錦郁、康原、鄭清鴻和蘇茵慧等專家學者進行協同教學，涵蓋彰化飲食、在地文化、採訪報導、故事行銷、行銷企劃等專題，經過一系列的學習成長，終於獲得不錯的成果。

本書名為《食在磺溪》，除了標示「彰化飲食」的主題外，同時也有彰化飲食非常「實在」的涵義，紮紮實實，底蘊深厚，經得起考驗。彰化市值得推薦的美食眾多，我們無法在一本書中涵蓋所有，如何擇取是一項難題，考量此計畫的目的之一是協助飲食產業行銷，並挖掘值得推薦的店家，所以已經擁有許多媒體曝光度的部分店家就不在其中。再來，我希望以「推薦給別人的，一定是自己喜歡的」為前提，所以一開始就不指定店家，讓撰稿者自由選擇採訪對象，但要經過審核通過，最後我們收錄27篇，分成「糕餅特產」、「熱食小吃」和「冰品飲料」三類，每類各9篇，有吃的、喝的，還有伴手禮，滿足不同饕客的需求。《食在磺溪——彰化市飲食產業故事》中被推薦的27個店家，都是作者們親身經驗且掛保證的，雖然不敢說能讓每個人都喜歡，但一定都有值得推薦的理由，歡迎讀者們前來驗證。

在本書付梓前夕，要謝謝所有來授課的老師，謝謝幫忙審查學生作品的三位審查委員，也謝謝本計畫助理沛玟的協助，感謝五南出版社願意出版此書。這本書只是一個開端，尚有許多店家值得我們去探索。在此邀請社會大眾來彰化品嚐美食，彰化市真的是一個適合深度旅遊的好地方，雖然是一座老城市，缺乏氣派的新建築，但人文氣息濃厚，宗教文化興盛，歷史古蹟林立，漫步街頭，每一步、每一家店都可能讓你獲得意外的驚喜，立刻規畫一趟老城市的新旅行吧！

葉連鵬

主編序2

大學課堂裡的教學實踐與社會責任

彰化古名半線，亦稱磺溪。古往今來，彰化平原孕育了許多文學作家，其中臺灣新文學之父賴和，秉持正義公理、反抗強權的磺溪精神，成為許多文人後輩的精神指標。深耕彰化在地的彰化師範大學，也戮力於實踐大學社會責任，長期「推動文學彰化，建構彰化歷史，喚醒人們對自己生長土地的記憶」，期望好好保存與彰顯彰化豐饒多元的文化內涵，如今已出版一系列的叢書，為彰化文史奠基了豐厚的史料與研究。本書《食在磺溪——彰化市飲食產業故事》的出版也同樣在這個精神理念上，藉由飲食文化的記載，持續推動彰化學。

此次書籍的出版，不同過往之處，是透過教育部教學實踐研究計畫——「食在磺溪——彰化市飲食產業故事敘事力培育計畫」，設計教學目標、策略與方法，引領學生進入地方場域，親近它，愛上它，了解它，為地方寫下角落的小故事，從而讓地方被看見，促進地方創生與觀光，並朝永續城鄉的理想邁進。

為地方產業發聲，聽起來簡單，卻不是一件易事，正如說話要讓人願意聽，不是大聲即可，如何說得動聽、真誠且令人信服，讓人願意繼續聽下去，甚至願意再去深入了解更是重要。地方書寫亦然！書寫前地方資源的盤點成為必要的基礎，尤其前行者的經驗，有著（刻意）看見與問題意識萌發的過程，以及情感的投入與地方認同等諸多面向，都足以成為學生的參考借鏡。因此課程設計的策略上，不僅邀請在地作家康原帶領學生進行彰化地景的踏查，也邀請林明德、楊錦郁等人進入課堂，針對彰化的飲食文化、小吃、小西巷的風華進行深度講座，為學生的彰化知識奠定基本的認識與體系，至於技能方面，則邀請業師進入課堂，分享實作的方法與經驗，引導如何採訪撰寫、如何拍出好照片、如何企劃、故事行銷等，在操作面的經驗傳授後，再由學生發想提案，完成起而行的場域任務。

此次採訪的飲食產業故事，經由外審委員審查篩選後，分別收錄至糕餅特產、彰化小吃、冰品飲料三大主題單元，包含「德興珍食品行」、「福華堂」、「玉華珍」、「華香珍」、「佳奇」、「新香珍」、「參永餅行」、「義華」、「玉瓏坊」；「貴美潤餅」、「彰化涼圓」、「吳記大腸蚵仔麵線」、「臺鳳素食」、「阿章肉圓」、「堂記糯米炸」、「過溝仔肉粽」、「黑頭碗粿」、「魯穀香牛肉麵」；「Tzemdas Kaffa」、「三角埔仙草」、「阿束社咖啡」、「大都會冰城」、「茉莉莉」、「永樂八寶冰」、「吉森凍圓」、「彰化木瓜牛乳大王」、「水利冰屋」等，為彰化的飲食記憶增添了不少歷史與動人的故事，此書的出版發行，有助於提升產業的曝光率，刺激消費的同時，也能振興地方觀光。

身為本計畫的協同主持人，針對此計畫大體有以下幾點心得：

一、地方特色需要被挖掘記錄與書寫

地方文化的形成，往往有著長時間的常民生活習慣積累，但在日益全球化的地球村裡，各地文化逐漸有著互相交雜甚至同化情形，因此如何讓地方特色持續保存並發揚光大更顯重要，如此才能在「越在地、越國際」的地球村裡，因為有著異於他者的特色，占得一席之地。然而如何找到地方的DNA？若地方沒有自己獨特的DNA，要如何創造地方的DNA？從不知道到知道的過程裡，書寫者刻意的看見與問題的思考相當重要，看見後的思考與行動，牽動著未來的結果與後續的效應。也因此書寫者進入場域不僅要觀察思考，更要對自己的行動有所覺知與體認，意識到書寫與記錄下的白紙黑字具有的社會意義，以及後續的影響性。

二、地方創生必須永續循環

在計畫的架構中，採訪者透過磺溪飲食產業的踏查，產出一篇篇特色不同的報導，為地方飲食產業轉譯與詮釋出屬於「磺溪」的產業故事。書籍的出版與流佈，希冀讓更多人認識彰化的美食與豐厚的飲食文化，進而促進地方觀光。

儘管各篇風格不同，有的輕鬆如日常行旅，有的嚴謹且出入古今，下筆前的文史搜集、實地走訪，都無法迴避大時代的環境變遷，因為地方的發展是不斷在變動且環環相扣的，唯有不斷的朝「城鄉永續」的方向前進，才能讓地方創生不斷再造，讓地方發展在自然永續的命題下生生不息。

三、素養能力必須實作遷移

教學現場單純講授的風景日漸改變，學生也不再是課堂「背多分」的被動接受者，在學思達的教學理念下，學生自主學習、主動思考與溝通表達，已成為教室期待的日常風景。而此書的出版便是教學實踐的成果，課程設計上，著重培養學生在認知、技能與態度價值上的素養能力，帶領學生走入真實的現實情境，融入彰化市的文化體系，以愛護鄉土的心來進行地方服務，並透過這個過程提升自身能力，在「做中學」裡習得一輩子可遷移使用的能力，期待在某一天、某個時刻，能發揮在自己的故鄉與所愛的人身上。

行文至此，深知書寫下的永遠不足，但能被拾起與記憶的都彌足珍貴。在學無止盡的生命長河裡，點點滴滴都能匯流入生命的大河，成為前進的動力。

黃慧鳳

CONTENTS
目　錄

冰品飲料

店家優惠

糕餅特產

中西合璧百年糕餅好滋味
德興珍食品行

一、百年傳承、中西合璧

德興珍食品行的創立歷史淵源，可以追溯到第一代孫發，世居彰化，日治時期他被臺北的臺灣人開設糕餅店延聘擔任帳櫃管理的工作，因為臺北是當時臺灣最繁華的都市，日本的和洋菓子店逐漸興盛起來，臺灣傳統的糕餅業商店，也有部分轉型製作和洋菓子，孫發服務的糕餅店也加入了這股風潮，生產部分的和洋菓子。那年代的日本菓子，涵蓋生菓子、乾菓子、蒸菓子、洋菓子、麵包、飴、餅、其他等類，現代通稱為和洋菓子。孫發在臺北工作，對於和洋菓子的生產製造與行銷推廣，非常的了解商業的脈動，也知道未來市場的趨勢，因此在兒子孫媽超公學校畢業後，就讓他來臺北學習和洋菓子的製造技術，孫媽超跟著師父學習和洋菓生產製造技術，當了三年四個月辛苦的師徒制學徒，學成後父子繼續一起服務東家多年，才辭職返回彰化街集資合夥設立菓子製造工廠，於昭和6年（西元1931年）2月創立了「會社德香珍商行」，址設彰化街西門287番地，專門生產牛奶糖、三色軟糖、甘仔糖、菜燕糖，供應中部地區的食品市場，因為是承襲傳統日本菓子的作法，產品精緻可口，逐漸打開了知名度。

昭和9年（西元1934年）擴大營業，開設了「德香珍製菓工場」，產品供不應求。昭和14年（西元1939年）又創立了「德豐珍製菓工場」，產品銷售遠到嘉義、臺南等地，非常興隆。後來工廠受到對華戰爭、二次大戰的影響，因為臺灣總督府實施統制配給制度，各地菓子組合加以整合，在原料來源不足下，生意逐漸萎縮，業務處於停擺。光復後，「德香珍商行」拆夥，由孫媽超承接頂下來，隨著餅乾、糖果生意慢慢開始復甦，工廠與業務都由他一人張羅，自己出張搭乘山海線的火車，拿著兩大布袋到處推銷商品，生意漸漸起色，山海線各站附近都有客戶，生意最遠做到新竹縣市，當時的甘仔糖、三色軟糖，外表青紅白的顏色，非常討喜，生意非常的興隆。孫媽超育有十個兒子，各自分工協助工廠生產，後來糖果生意不敵大廠的競爭，事業清淡下來，於是就結束工西門廠生產，孩子們就各自獨立，創立他業。

民國40幾年左右，孫媽超看準彰化的喜餅事業的前景，買下民族路501號的兩個金店面，蓋三層樓房做店面生意，民國50年（西元1961年）以新品牌「德興珍食品行」（如圖1-1、1-2），聘請師父製作龍鳳喜餅、西點麵包，糖菓、餅乾等，開始對外營業，兼銷售掬水軒餅乾……等進口食品。並持續沿用「德香珍」品牌，繼續製作糖菓、牛奶糖應付老顧客的需求。另外創立「德興珍」做婚禮喜餅西點生意，主要是做稅務上的區隔考量。這情形在當時的食品界非常普遍。現在彰化市頗爲著名的肉包店「肉包成」，創辦人孫瑞成，是孫媽超的四子，初期

圖1-1　民國50年德興珍食品行

圖1-2　民國50年德興珍的店面擺設

營業也是以「德香珍」爲名，製作喜餅類的產品銷售營業，類似家族企業分行模式起家，是師出同門，技術傳承同源。後來取名「德馨珍」自立門戶，並以自己研製的肉包，打出了知名度，是彰化非常著名的肉包店之一，早已經不再從事餅類的生產了。

孫媽超後來年紀大了退休，將「德香珍商行」製作糖菓、牛奶糖的業務結束。民國54年（西元1965年）六子孫瑞生結婚隔年，父親將「德興珍食品行」龍鳳喜餅生意交給他們夫妻經營，並從旁協助指導。德興珍的龍鳳喜餅在彰化地區非常著名，因爲位於民族路旁、南門市場的黃金地段，喜餅品質迎合大眾口味，生意非常好（如圖1-3）。除了喜餅，還聘請師父製作外燴市場所需的點心，諸如麥方（ㄆㄤˋ）、麻糬、肉包，也做肉干、肉鬆、香腸、糖仔餅，供應店裡之販售。民國60幾年（西元1971年）臺灣的經濟逐漸繁榮起來，尤其十大建設相繼完成後，民眾財富增加，消費能力大大的提升，喜餅糕餅市場很暢旺！

圖1-3　德興珍食品行在民族路的雙店面

二、時代變遷、與時俱進

那年代婚禮、民俗慶典都是在自家庭院或騎樓辦理，會請來著名外燴師父來辦桌或流水席，豐富的佳餚美食，出菜過了半巡之後，就會出個肉包、麻糬或是麥方（ㄆㄤˋ），讓大家換換口味，爾後再繼續出菜的動作。這類的外燴點心類食品，口味迎合大眾需求，供不應求。「德興珍」最興盛的時候，有百餘位外燴師父互相配合，店內工作的師父都非常忙碌，「德興珍」是當時彰化外燴市場，廣受歡迎的食品行之一。民國73年（西元1984年）「德興珍食品行」，受邀參加日本第二十回全國菓子大博覽會，將其生產龍鳳喜餅、菓子產品參加展示，品質口味深受日人喜歡，受到主辦單位的表揚。

俗語說：「臺灣沒有三日的好光景。」，臺灣喜餅市場瞬息萬變，大型食品廠的興起，開始進入喜餅市場，蠶食鯨吞，搶食傳統喜餅的大餅，自產自銷的德興珍，雖有老主顧的捧場，仍然不敵靠大量廣告襲擊的食品大廠，生意大不如前。西式喜餅的崛起，也分食了一大半市場，讓彰化市許多傳統糕餅店，退出市場。而「德興珍」賴以支撐的外燴市場點心供應，80年代也隨著時代進步而轉變，辦桌的市場，因為民眾飲食習慣的改變，民間民俗辦流水席的方式，逐漸消失，大型婚宴場合的興起，對外燴市場更是嚴重打擊，業務急速萎縮下，孫瑞生不得不思考改弦易轍的生存之道，於是將喜餅業務收起來，去蕪存菁將有競爭力的產品保留起來，繼續經營父祖輩傳承下來的糕餅行業。

「德香珍」是以和洋菓子起家立足彰化，「德興珍」是以做糕餅西點起家聞名，第三代負責人孫瑞生，從小就跟父親學習糕點糖果製作，有著豐富的食品烘焙經驗，除了過去禮餅製造拿手的芋沙餅、胡椒餅、蛋黃酥，綠豆椪魯肉外（如圖1-4、1-5），三十多年前，開始潛心深入研發肉包的生產，並以「肉包生」品牌來行銷，行銷至今，是彰化市著名肉包品牌之一。採用新鮮的酵母菌在短時間內充分的發酵，將麵皮擀製發酵成Q彈、充滿可塑性的麵糰，用力捏拉，放鬆後仍然恢復原來模

圖1-4　德興珍著名的胡椒餅

圖1-5　綠豆魯肉、芋沙餅、蛋黃酥是德興珍最傳統的糕餅

樣。香菇肉包的內餡採用來自埔里香菇及市場新鮮的溫體豬肉，加上獨家配料工夫製成。蛋黃肉包則選自過去數十年製餅蛋黃廠商，品質穩定，配上研發最佳比例的新鮮豬肉等配方製成。

「肉包生」的各式肉包有其所堅持，所以每個肉包都料好實在，口感上咬勁十足。「德興珍」雖然是以現代法用在麵皮發酵上，卻以最傳統古老檜木蒸籠來炊蒸肉包，一籠一籠剛出爐的肉包蒸籠，一掀開飽滿的水蒸氣揚起，在空間裡瀰漫著濃濃的檜木香，「肉包生」的肉包，咬一口，讓人充滿了滿足感與濃濃的歷史味道。值得一提的是，「德香珍」日治時期成立時，因爲生意做很大，也申請了當時少有的電話，號碼是242，當時的電話是手搖式，須由接線生轉接才可以接通，一直延續至今，電話已改爲電腦自動化交換機通話，「德興珍食品行」電話號碼04-7222242，仍然沿用242的尾號，可見飲食文化的傳承，連電話號碼的沿續使用，也可以見證他們的悠久歷史，實在是非常難得。

過去德興珍也曾經製作竹塹餅販售，並以彰化的古地名「磺溪」，取名「磺溪餅」，曾經風行一時，可惜因爲人手不足，已經不做了。現在店裡銷售以香菇肉包、蛋黃肉包、胡椒餅、綠豆魯肉、芋沙餅、蛋黃酥、鮮乳饅頭爲主（如圖1-6、1-7）。另外十幾年前，也開始做網路行銷的生意，建立不錯的口碑。胡椒餅的製作，也是德興珍自行配料而成，口味別於他處，曾有日本人來此學習，返回日本故鄉製造販

圖1-6　肉包生著名的蛋黃肉包

圖1-7　鮮乳饅頭，香菇肉包、蛋黃肉包是主力食品

賣彰化的胡椒餅，孫瑞生也深深感覺技術輸出的光榮。

三、尋覓有緣、延續手藝

從第一代孫發，第二代孫媽超、第三代孫瑞生，從「德香珍」接棒給「德興珍」，孫家三代從事糕餅菓子的食品事業，歲月刻劃下的印記，已經有百年的悠久歷史。雖然歷經時代飲食文化的變遷，起起落落，「德興珍」仍然屹立不搖，在彰化市的飲食地圖裡占有一席之地。俗語說：「好額三代，才知吃穿。」。「德香珍」年代的和洋菓子製造，見證日本統治臺灣的日本飲食文化移入與融合，生菓子、乾菓子、蒸菓子、洋菓子，麵包、飴、餅的製造元素，在「德興珍」五十幾年傳承的食品裡，都可以看的見它的影子，中西合璧的飲食文化，不著痕跡地成爲在地食品的優秀，和洋菓子與臺灣傳統菓子碰撞出的火花，光明燦爛，綿延不斷，是值得爲後人說說的。

孫瑞生夫婦守著祖傳的糕餅肉包的食品行業，不經意也超過半世紀之久，空有一手菓子糕餅好功夫，卻苦於第四代無人願意接手，是最大的感慨與煩惱！不過現在仍然守護著百年祖傳的好滋味，與老饕們分享他們精心製作的點心小吃，藉著時間的延續，靜待後代的回心轉意，或是尋覓有緣人來沿續「德香珍」、「德興珍」的百年飲食文化風采，讓這段屬於彰化市的菓子歷史風華再現。

德興珍食品行

聯 絡 人：孫瑞生
地　　址：50047彰化市民族路501號
聯絡電話：(04)7222242
傳真電話：(04)7225242
營業時間：上午9點至晚上9點

蔣敏全　撰

平凡中造就非凡
福華堂

一、前言

記得幾年前的一場餐會，讓我邂逅了「福華堂」（如圖2-1）。當時，彰化縣臺文協會在秀水的一家餐廳舉辦會員大會，我與三妹共同前往參加，當時，與我們同桌的會友彼此間都不認識，而曾薇莉女士也與我們同桌，坐在我三妹隔壁。在用餐時候，曾女士手指指緣似乎有脫皮受傷，三妹拿了指甲剪給她使用，並爲她貼上OK蹦，就這樣有了第一次的接觸。之後，大家在吃飯過程相聊甚歡，曾女士便提議會員大會結束後可以到她家品嚐西點，做二次會。

圖2-1　福華堂店面

到了「福華堂」，朱老闆和曾女士二人熱情的招待我們一行，讓我們品嚐蜂蜜蛋糕、起士蛋糕等，怕我們口乾，還煮了咖啡請我們。大家就在這和樂的氣氛下繼續聊著天，但歡樂的時光總是短暫，會員大會是晚上舉行，二次會進行下來也已經晚上九點半，若是繼續下去恐怕會影響隔天上班，大家也只好解散，期許他日能有緣再聚。

彰化市製作糕餅、西點眾多，當中不免也有許多店家超過百年歷史，新興糕餅店要想在這競爭激烈的世界生存實屬不易，而福華堂自民國73年創立至今已達36年之久。

二、福華堂小史

老闆朱金發與妻子曾薇莉都是二林人（如圖2-2、2-3），二人雖住在同一個村莊，但彼此並不相識，透過親戚的介紹而相親，不到一個月便決定結婚，兩人可以說是婚後才開始談戀愛。朱老闆原先在臺中與其兄長合開麵包店，後因與妻子結婚，夫妻二人想要一同開創屬於他們自己的人生事業，有了這個起念，才有後來的「福華堂」。

圖2-2　老闆朱金發

圖2-3　老闆娘曾薇莉

36年前的臺灣，物資較爲缺乏，能有一個麵包吃就是一件非常幸福的事情。朱老闆認爲「民以食爲天」，無論今天是做什麼樣的工作，人總是要吃飯，尤其是當時的臺灣，能夠有一餐可以好好享用就是最美好的事，因此才會想要開創食品相關產業。隨著經濟蓬勃發展，各行各業的人都得吃飯，朱老闆說：「正因爲各行業的人都得吃飯，每個人都是圖溫飽，所以做飲食的絕對不會沒落。」這也是讓朱老闆夫婦倆能繼續堅持做麵包的原因。

當初，會選定目前的店址，一切都可以說是一種緣分。老闆夫妻倆尋遍彰化每個鄉鎮，員林、溪湖、鹿港等等，最後決定將店開在彰化市。雖然是麵包店，但也是居住的地方，店面一開就是36年，兩個孩子也順利長大成人，夫妻對這落腳地充滿著感恩。當初爲了有個好名字，特地請命理師父幫忙算出幾個店名，在幾個名單中，夫婦二人參考親族意見，相中了「福華」二字，認爲能夠選定在該地點開店都是因爲緣分，希望「福華」可以爲這麵包店帶來福氣。會加上「堂」這個字，是希望能讓麵包店像其他知名糕餅店一樣，穩定成長（許多知名糕餅店都取名爲XX堂、OO堂）。因爲緣分讓他們夫妻二人認識；因爲緣分讓他們選上了這個地點；因爲好的緣分，所以讓麵包店一開就這麼久。

三、糕餅譜系、相關工序

「福華堂」的蛋糕吃起來非常綿密順口，二妹和二表妹兩人剛好同日出嫁，歸寧的蛋糕就是交由「福華堂」製作，帶回婆家後頗受好評。

早期的西點麵包店除了販售西點麵包外，還會接宮廟祭典的案子，「福華堂」也是如此。遺憾的是，近幾年宮廟活動較爲沒落，自然訂單數量減少，店裡只剩下昔日宮廟活動時的糕餅模型還擺在麵包架的最上層。

即便少了宮廟活動的案子可以接，但「福華堂」的客戶量依然不少，除了平常就會食用的麵包外，每逢節日也會販售節慶商品，諸如：母親節蛋糕、月餅禮盒、鳳梨酥禮盒、年節禮盒等（如圖2-4、2-5）。

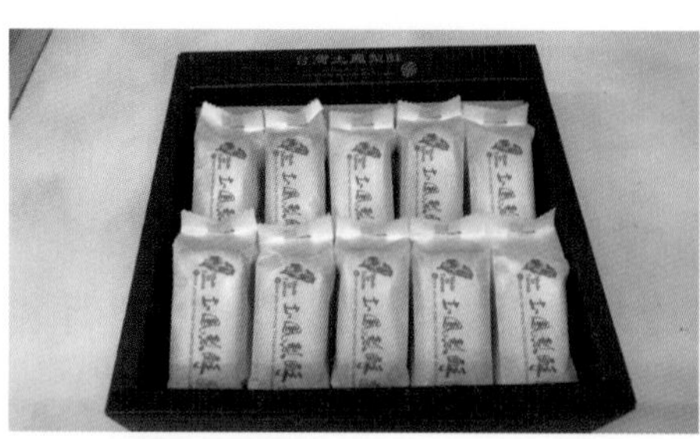

圖2-4　鳳梨酥禮盒

圖2-5　西式甜點馬卡龍

除此之外，婚禮蛋糕或是辦桌的甜點、糕餅也有製作，甚至公司行號舉辦活動，需要各式西點，或是舉辦雞尾酒會等案子都會承接。這麼小小的麵包店雖只有夫婦二人辛苦把持，但仍然不輸給其他有名的大型麵包店。

在朱老闆訂單量較大，或是同時承接多筆訂單時，兒子、女兒也會幫忙製作、運送，現在女兒已經出嫁，兒子朱飛豪雖在秀傳醫院擔任工程師，但是，只要時間上允許都會幫忙運送麵包、西點。有空閒的時候，朱老闆還會教授朱飛豪製作麵包或是一些小點心，朱飛豪謙虛的說：「雖然我做的麵包沒有爸爸做得那麼好，但是自己雙手做出來的麵包還是讓人很有成就感。」我吃過朱飛豪製作的蛋糕（如圖2-6），感覺不遜於知名蛋糕坊的蛋糕，如果有幸繼承父親手藝，一定可以讓福華堂永續經營。

圖2-6　草莓蛋糕

「福華堂」自成立以來到民國100年都非常順遂，但100年後開始，或許是經濟起飛得太過快速，造成物價上漲，年輕人賺的無法負荷生活環境，因此紛紛興起創業潮，正因如此，「福華堂」在這波新興店家林立的情況下遭受衝擊，所幸有老顧客們的扶持，小小的麵包店依然可以維持一定的收入。

對於食材的選用，朱老闆也有一直以來的堅持，選用麵粉一定使用「統一麵粉」（統一麵粉是全臺灣品質最好的國產麵粉，爲統一食品生產，價格相對其他品牌來的昂貴，統一麵粉一包約600臺幣，其他麵粉大約只需200臺幣。統一麵粉因爲銷售良好，因此決定自己開廠製作麵包，配送至全臺7-11。曾經有一陣子遭到抵制，拒用統一麵粉。但統一麵粉品質規格較高，所以朱老闆30幾年來都堅持使用統一麵粉製作麵包。），奶油則是使用紐西蘭的「安佳奶油」（據朱老闆說，紐西蘭的乳製品品質高，是全世界都公認的。紐西蘭的乳製品可以位屬全球頂尖，也是因爲該國的乳製品從未發生過任何食安相關問題，因此深獲臺灣麵包師傅們信賴。許多知名麵包店也都使用安佳的乳製品。），葡萄乾則採用「美國加州葡萄乾」（加州葡萄顆粒飽滿，味美多汁，製成果乾仍保有葡萄香氣。）等等業界知名食材等。朱老闆對於選材都有一定的堅持，他認爲要做麵包就要選用較好的食材，讓顧客能夠吃的安心，所以幾年下來都不曾改變過，堅持選擇較有指標性的標竿品牌。

有工商登記的飲食店家，他們時常要受到政府衛生單位的檢驗，每隔一段時間都會來進行抽查，也因爲這樣，有店面的店家不敢隨便使用不符合規定的材料製作食品。朱老闆認爲，開店的店家大多做著良心生意，除了對食材要用心之外，還要不時精進自己，西點、糕餅、麵包等等的烘焙證照是一定要具備的。但非店面的店家因缺少政府單位的把關，食材是否有偷工減料，或是參雜了不該添加的東西，是否有取得烘焙證照，有專業烘焙師資格等，就不得而知了。店家受到政府監督，所以發生食安問題時，隨時都可以找到理賠，但相反的，夜市或是路邊攤販賣的麵包，眞的發生問題了，你要尋求賠償也找不到來源。

現代的人開始注重養生，「福華堂」研發的「無蛋蛋糕」就是爲了注重養生的客人量身打造的一款蛋糕，這也是很多顧客會來選購的一款蛋糕。「蜂蜜蛋糕」口感綿密，吃起來不會太過甜膩。「鳳梨酥」則是酸酸甜甜，比例適中，是逢年過節的送禮佳選。而他們的「香菇麵包」也充滿著特色，鹹鹹甜甜的味道，一咬下口，香氣四溢，或許外表不夠奢華，但是飽滿的內餡讓人滿溢幸福感。

「福華堂」創立的宗旨就是要讓來店選購麵包的人都能獲得滿足，花少少的錢也能有大大的享受。平價親民的麵包，不打豪華外觀戰，爲的是讓每位顧客能夠吃得飽，咬下麵包能夠感受到幸福。能夠讓自己繼續堅持下去的理由就是「興趣」，要能夠好好把一份工作做到好，沒有一定的「興趣」是無法達成的。朱老闆能夠堅持做麵包，全來自於自身對做麵包的興趣使然。

在經營麵包店也發生了不少趣事，朱老闆笑著說：「有錢的人開著賓士來選麵包，他會自己選幾樣麵包給小孩，小孩吵著要買牛奶，有錢人對他說，我們回家有水可以喝。但是貧窮的人就不一樣了，貧窮的人騎著腳踏車過來，讓他的小孩盡量的選購麵包，一次就買了很多的麵包。這就是有錢人和窮人的差別，非常有趣。」

四、結語

在附近的工廠也都是「福華堂」的老主顧，一次訂單都很大，當成員工年節禮盒送。老顧客們也常帶著「福華堂」的鳳梨酥、老婆餅全世界跑，到處去分享。曾經有一家腳踏車零件廠的女兒到中國大陸工作，要過去時也會打包好幾盒糕餅，與要運送的零件一起寄送到中國。由此可知，「福華堂」的糕點讓人愛不釋手，即使遠到他國，也不忘攜帶。

「福華堂」的朱老闆看起來木訥，但當有話題時，也是非常健談，曾女士則相對於朱老闆，顯得活潑，夫婦二人的拌嘴不時逗得我哈哈大笑，講究工序的美味糕點是兩人多年來的經驗積累。若是有機會來「福華堂」走走逛逛，一定要跟朱老闆夫婦們聊聊天，細細品嚐各式糕點的美味，或許也會像我一樣有不同的選購感受喔！

福華堂小知識

聯 絡 人：朱金發
地　　址：彰化市東芳里彰鹿路104之5號
聯絡電話：(04)7612237
營業時間：上午8點至晚上10點

陳毓娟　撰

玉華珍糀糬

「只要品質好，人客就會來，不用擔心會做不下去，但是品質一定要好，一定要是眞材實料！」

一、創業緣起

作爲臺灣百大的伴手禮，玉華珍糀糬是彰化鼎鼎大名的名產之一（如圖3-1、3-2）。從一開始做漢餅，一直到現在名聲享譽全臺灣的麻糬師傅—陳憲郎（西元1953年～）先生，到底是擁有什麼樣的生命故事呢？

創立於西元1967年，以傳統方式製作的麻糬，從第一代的好手藝傳至現今第二代，沒有偷工減料，每個步驟都是透過手工層層堆疊而來，在時間的淬煉下，讓陳憲郎老闆的手藝了得，對於有著繁複工序的麻糬製作過程，卻也讓許多人願意耐心等待現做的好滋味。

圖3-1　店面招牌

陳憲郎說，開店不外乎就是要拚經濟，然而賣食品，最重要的還是要有良心，堅持要用好的食材與糯米糰，手工包餡，顆顆皮薄餡多的麻糬，這是陳憲郎的堅持。起初，陳憲郎在彰化鹿港學做漢餅，從事餅業的學徒，有所成就之後，想自我創業，筆者問及爲何不

圖3-2　商品掛牌

在當時的鹿港選址開店呢？陳憲郎說：「因爲鹿港是文化古都，許多傳統產業都已經落地生根，名產已經非常多了，且根基非常穩固，競爭多，我們這種新創業的，根本比拚不過百年老字號啊。」因著這個緣由，陳憲郎回來彰化市，選定自家離後火車站極爲近的距離的位址，有著交通便利與自家不用額外開支房租的優勢，陳憲郎自行開店做生意，賣起麻糬來了。

二、經營故事

剛開始創業，勢必會面臨許多挑戰與困境，陳憲郎說，當時事業剛起步，客源較少，加上得不停的研發且嘗試符合大眾口味的產品，但是，陳憲郎說：「客人很少沒關係，但是慢慢做，不斷嘗試也不放棄，堅持品質，一定會有出頭天的一日。」，憑著這股毅力，陳憲郎終於熬出頭，成就現在赫赫有名的「玉華珍」。

玉華珍手工麻糬跟同是彰化麻糬百大名產伴手禮的玉瓏坊手工麻糬，他們是親戚關係，陳憲郎的女婿是現今玉瓏坊手工麻糬的老闆，他們兩個是師徒關係，雖然分別開立成店，但因其師承關係，保留了傳統麻糬的好滋味，兩者間的手工麻糬差異並不大，同具有皮薄餡多的特色。

三、製程工序

說起麻糬的食材，陳憲郎說：「麻糬的基本食材不外乎就是糯米、糖、芝麻、花生、紅豆等配料，再以機器做加工。」現今已經很少人完全透過手工製作麻糬了，尤其一到大節日或是神明生日時，更是供不應求，光是賣都來不及了，何況還要慢慢燒煮糖水。關於麻糬的製作過程，備料就要一到兩個小時，此時，陳憲郎的女兒在旁補充說道：「古早時候有灶，以前製作麻糬是用灶下去蒸煮麵糰的，工序更爲繁複呢！」。備料完後，浸泡糯米，再以機器來研磨糯米，等待糯米磨至一定程度後，放入蒸籠，控制適度的火侯下去蒸大約一個半小時，蒸完之後，待達到一定的溫度時，開始攪拌，攪拌大概一到二十分鐘，此時，陳憲郎提到：「攪拌糯米糰的過程很重要，攪拌得愈久，麻糬的皮就愈Q彈。」，最後才是捏麻糬並包餡（如圖3-3）。陳憲郎說：「我

圖3-3　玉華珍糀糬

們的糖是選用蔗糖來製作麻糬皮，這是我們有別於一般麻糬店家的地方。」，店內特製的花生、紅豆與芝麻餡料，都是手工製作而成，不僅料好實在，甚至還可以吃到粒粒紅豆餡與花生顆粒呢！

四、品類與特色

陳憲郎說他們也有製作漢餅，以「芋沙蛋黃酥」與「綠豆沙月餅」爲招牌，市場的反應非常好，甚至在店裡下班前就被搶購一空。此時，筆者問爲何不專賣漢餅，而是以麻糬爲主打商品呢？陳憲郎說：「因爲做餅較爲繁忙，而且適逢大月時，根本來不及做給客人，加上做餅的工序更爲複雜繁多，所以會以麻糬做爲店裡主打商品，而餅也兼著賣。」。

玉華珍麻糬店裡都有師傅手工製作麻糬，每日都是以手工現包現賣，員工們各個手腳俐落，很精心的製作麻糬，如果遇到大節日時，家族成員也會下去幫忙較爲簡單的製作過程。筆者問及玉華珍跟玉瓏坊店名相類，是否有什麼取名緣由？陳憲郎說：「店名是自己命名的，創業而今已經五十幾年了。」。玉華珍的麻糬是屬於素麻糬，沒有添加任何蛋與油品，皮薄內餡多且Q，符合大眾口味，總共有三種口味，包括紅豆、芝麻、花生，外皮軟Q，內餡飽滿實在，拌料的部分也遵循老一輩的古法製作而成，堅持當日新鮮現做，將麻糬最好的品質呈現給客人，加上使用綠豆粉來當作裹覆麻糬的外皮，這是很傳統的口味，使得麻糬不黏牙也不膩口，陳憲郎說：「常常來購買的客人都會買上好幾盒回家送人。」。

雖然現今都是使用現代化機械揉製糯米糰，但維持手工包餡是陳憲郎的堅持，玉華珍也提供多種包裝選擇供顧客選購，大盒的麻糬三十粒裝，小盒的是二十粒裝，也有雙囍圓十二粒裝，雙囍盒的包裝外盒印有囍字，很適合訂婚或是送禮，極具有囍氣，且雙囍圓也能取代傳統湯圓，更實吃，店內另有零售麻糬。

玉華珍的麻糬強調眞材實料，陳憲郎說：「只要是客人喜愛的就堅持，也就是要合客人口味。」，陳憲郎的女兒表示，現在全臺灣都有他們的客源，麻糬的保存時間不長，他們無添加任何防腐劑，所以，他們也都會嘗試方法讓麻糬的保存天數拉長一些，常溫之下的保存天數可達兩天，而放置於冰箱冷凍的保存天數較久，等待退冰後即可食用（如圖3-4、3-5）。

圖3-4　店內工作區域

圖3-5　店內工作區域

陳憲郎說，在假日的生意比較好，從早忙到下午，由於店內是當日現做，賣完就沒有了，導致很常有排隊的人潮，甚至還可能有買不到的情況呢！因爲有老闆的堅持，對於傳統食品業盡一份心力，將傳統的麻糬與漢餅發揚光大，玉華珍的麻糬與客家麻糬有何差異呢？客家麻糬比較小顆，外皮較爲厚一些，外頭會裹上花生粉等，與玉華珍裹上綠豆粉不同，且兩者在外皮彈性上也不同。玉華珍的麻糬現吃時，會發現手工的麻糬很特別，尤其是剛包好的麻糬，殘留餘溫的外皮，加上師傅在製作時包捏麻糬的指壓，依稀在麻糬表皮看得見，且麻糬皮回彈的Q度十分的薄透，粒粒餡料飽滿，拿起來還略有重量，拾起每一顆麻糬時，麻糬都是會往下沉的感覺，鬆軟順滑的微甜滋味，小小一顆手工麻糬蘊藏著師傅的老手藝，讓你吃完一顆又接著一顆的吃下去，同時店內也主打中秋禮盒及訂婚喜餅，需提前預訂。

五、未來發展

在面臨傳統食品業，像是糕餅、麻糬等，在現在這現代化的世代，是否也會有困境或是需要轉型的地方呢？陳憲郎說：「只要品質好，人客就會來，不用擔心會做不下去，但是品質一定要好，一定要是眞材實料！」，目前全臺灣都有玉華珍的愛好者，每每逢年過節都會回來彰化買上幾盒當伴手或是自食，店裡生意很好，由於陳憲郎的堅持，打下很好的口碑，麻糬與漢餅銷量很好，目前無研發新產品的打算，將招牌的麻糬繼續製作下去，帶給每一位來光顧的客人傳統的好滋味（如圖3-6）。

圖3-6　店面外觀

玉華珍麻糬

聯 絡 人：陳憲郎
地　　址：彰化市辭修路244號
聯絡電話：(04)7227806
營業時間：上午8點至下午5點（有時至6點），售完為主

黎駿達　撰

百年麵龜店
華香珍餅行

一、華香百年

與華香珍結緣，始於幾年前走讀彰化城的緣份，當時帶了一群遊客到大聖王廟——威惠宮導覽解說民俗風華，遊程中發現了藏在巷弄之間的麵龜店（如圖4-1），老闆正在製作嫁娶的米糕桃中，於是順便訪問採集故事，竟然已有上百年的歷史，與遊客一起短暫聆聽老闆細說米糕桃製作的方式與用途，大家都感到興趣盎然。事後又多次經過，大家逐漸熟稔起來，文史調查的好奇心使然，讓人想要探尋它的歷史原由，因為這種與民俗相關的飲食文化，在彰化市已經寥寥無幾，屈指可數，若

圖4-1　百年麵龜店——華香珍餅行

能採集這些穿弄走巷的故事，增添成爲解說的題材，一定可讓旅遊更爲出色。

華香珍的百年歷史，要從創辦人陳章塗十五歲時說起，日治大正時期，彰化街的臺灣傳統糕餅業，非常興盛，街上臺灣傳統餅業店林立，供應著市街區與臨近的鄉鎮婚喪喜慶之需要，生意興隆，急需聘請學徒來幫忙，餅店透過親戚輾轉的介紹，招攬遠在臺北三峽鄉下的陳章塗與鄰居三人南下彰化當學徒。俗話說：「家財萬貫，不如一技在身。」，過去當學徒必須從最基層做起，師徒制的傳統學藝傳統，徒弟必須熬過三年四個月的歲月才能出師。陳章塗熬過漫長的跟班學藝的歲月，學成了一手製餅技術，當了幾年餅店製餅師父，就在彰化定居，並娶妻生子，爲了生計，於是就在彰化市南門市場內承租一個攤位，自行創業，自製自售，逐漸建立了口碑。依據昭和14年（西元1939年）《彰化商工人名錄》記載，陳章塗已經在南門消費市場登錄在冊，依現在第三代孫子陳國村口述，父祖傳下的正確創立時間爲大正8年（西元1919年），至今傳承已有101年之久，百年老店依然在南門市場內營業，製作販售臺灣最傳統的民俗糕餅食品。

華香珍過去在南門消費市場的店面位置不可考，當時只有攤號，並無店名。據說不在原有的市場內，而是在市場旁搭建的臨時攤位上營業，主要是因爲彰化街人口不斷的增加，日人初期規劃的消費市場容納量嚴重不足所致，必須在旁邊增加攤位，以紓解市場供應量之不足。當時製作糕餅都在市場內現場製作販賣，價廉物美，經濟實惠，建立好口碑。光復後市場經過改建，第二代陳華桐接手後，承租了南門市場214、215兩個攤位店面，開始取店名「華香珍餅行」，擴大營業，爲應付廣大顧客需求，市場製作空間不足，開始於民權市場竹管市旁，承租一間房子做爲生產製造的工廠，再將製成的糕餅運到市場販售。復又於民國70幾年市場發生大火災，市場重建後因爲生意興盛，後又於臨近大聖王廟的小巷內，買了一間房子做爲生產基地，現在所有製作的產品，都是由此製作，再配送到南門市場的店面銷售。

第二代陳華桐離世之後，由子女們接手經營，並無分家，一起守護著祖傳的行業。第三代兄弟姊妹，從小就協助父母親製作各種麵餅食品，百年傳統手藝口味不變，一脈相傳，現在由陳華桐三子陳國村負責接業務與工廠管理，次子陳國源、長女陳美津輪流看顧店面，團結一致，不分彼此。工廠的生產主要是由三男陳國村、長女陳美津負責，姐弟從小隨父母親學習做糕餅，學得一手好手藝，次男陳國源曾經外出吃頭路，下班或假日都會幫忙看店，工作退休後，與妹陳美津輪流照顧店面生意。婚喪禮俗接訂單送貨，則由三子陳國村全權負責處理。

二、民俗櫥窗

生產產品主要可以分爲平日販售類與預訂製品類，平日販售是店面銷售的麵龜等祭祀用途的麵餅食品（如圖4-2、4-3），主要是紅龜粿，草仔粿、紅圓、麵龜，發粿、牽仔粿，豆沙餅、小月餅、柴梳餅、鳳片糕龜、菜碗、米糕豆……等等。爲了保持產品的新鮮度，製作數量都有經驗法則作爲參考，每逢農曆初一、十五的民間祭祀日，都會事先增加製作的數量，神佛例祭日或聖誕，是最忙碌的時候，忙上忙下，不可開交。預訂製品類，臺灣習俗慶典非常多，廟宇神明慶典所需的祭祀品，都是由廟方執事事先來預定糕餅的種類與數量，多數是多年的老主顧，或聞名而來，婚喪喜慶都會來預定，並依照訂單來製造各類祭祀用品，

圖4-2　豆沙餅、小月餅、柴梳餅是歷久不衰的產品

圖4-3　祭祀用的菜碗，糖仔餅

數量少客人會來店取回，數量多時，會指定時間地點送達。許多顧客都是累積幾代的好交情，代代相傳，都是華香珍的好主顧，也是延續百年歷史的主要元素。

過去臺灣各地大小廟宇，盛行於春節過後的元宵節，舉行乞龜還願的習俗活動，它象徵著吉祥的意義，民眾會前往廟宇祭拜，乞龜有一定的規矩，須聖筊三次為信，神明允諾才可將它拿回家分享，此舉可象徵與神明同登壽域，對家庭、事業、財富等帶來福氣。每年乞龜求福的民眾，絡繹不絕。乞龜者必須在第二年還願，做一個大些的麵龜，送回廟裡，再供人祈求，如此年復一年，龜也就愈做愈大。小時候隨著大人去廟裡乞龜的影像，還鮮活的在我腦海裡迴盪，乞回來的紅龜甜滋味，還留存在舌尖上，可惜記憶裡，已經空白了三十幾年了。過去這樣的日子，華香珍事前的訂單非常多，是店裡最忙碌的時候。過去廟宇乞龜習俗都是製作鳳片糕龜為主，也有做成大麵龜，鳳片糕龜一般都是一斤、兩斤的重量，也有做成五六斤還願的。至於大麵龜做成60斤，100斤重都有廟宇訂購過，最大的是臺中東區南天宮曾經製作180斤的大麵龜，可以說是創下紀錄。現在的乞龜習俗逐漸式微，很少人會去廟裡乞龜回來吃平安，都是由廟方以其它如白米、食品……等，堆砌成神龜狀來舉辦，祭祀後給民眾分享（如圖4-4、4-5）。

圖4-4　神明壽誕的壽塔或是麵線塔

圖4-5　壽桃製作工序——包餡，捏形

神明聖誕日製作壽桃給信眾吃平安同霑法喜，壽桃也是華香珍主力產品之一，一般訂做都是三個一斤，最重是一個一斤重，店面販售考慮民眾飲食需求，重量較輕，個頭較小顆。採用低筋麵粉揉製成麵糰，經過醒麵後，分包豆沙餡、紅豆餡兩種，包完內餡靜滯發酵，再放入蒸籠炊蒸後，就成爲白胖的半球狀，再用工具巧手壓製成桃子狀，再噴上粉紅色色素，就成爲可口的祭祀供品壽桃（如圖4-6～4-9）。

圖4-6　壽桃製作工序——醒麵、靜置

圖4-7　壽桃製作工序——高溫蒸熟

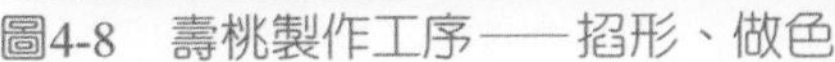
圖4-8　壽桃製作工序——招形、做色

圖4-9　壽桃成品

過去華香珍的產品都是自己製作，像麻粩，米粩、花生粩，瀏糕，鹹糕……等，都是自產自銷，隨著時代的轉變，現在也批發自有信用的食品廠銷售。更久以前，他們父祖輩年代，連糖塔、過年用的生仁糖，都是自己做的，生仁糖要熬糖水，炒花生，再將糖水、花生，糖粉快速用篩子滾動而成，非常費時費工。生仁糖，外觀是圓形顆粒狀，裹著紅色白色的糖霜，吃起來脆脆甜甜，裡面包花生的糖果，是福建流傳已久的節慶零食，又被稱作天公豆。傳統上在農曆正月初九祭拜天公，生仁糖就是傳統的供品之一，後來成了過年祭祀，大家吃的零食。記得孩童時，過年常爬到供桌上，偷拿幾顆嚐嚐，口裡好滋味，令人懷念！至於製作糖塔的印象，連第三代也沒有經歷過，由此可見臺灣傳統糕餅的製作技術，隨著飲食文化的變遷，流失非常快速，讓人感嘆！

華香珍每年中秋節，也製作中秋月餅應市，這是彰化糕餅界最傳統的節慶食品，老客戶長久品嚐以來，頗爲著味，因此都會訂購買他們的月餅，送禮自用兩相宜。一個糕餅老店，都會留存一些做餅的木模子，百年前的模子，在市場火災中，付之一炬，後來都到員林訂製手工雕刻模具，現在粿模都改成塑膠材質了，少了那種古樸的歷史味道。

三、走讀民俗

走訪華興珍可以看到琳琅滿目的民俗節慶祭祀供品，品嚐最具有歷史傳承糕餅粿糖的味道，不同時節有不同的產品應市，諸如除夕、春節、接神、拜天公、元宵節、端午節、中秋節、婚禮、神佛節日……等民俗必備的供品，紅龜粿、紅圓、麵龜、發粿、鳳片龜、壽桃、牽仔、甜粿、麵線、湯圓、糕仔、麻粩、米粩、壽桃麵座、蘿蔔糕、芋頭巧、粽子、素菜碗、素三牲、素五牲、米糕、油飯、生仁豆……等（如圖4-10），都一應俱全。在品嚐百年好滋味之餘，還可以了解許多的民俗意義。像拜天公的紅圓代表圓圓滿滿、全家團圓；紅龜粿代表平安長壽；發糕代表運發、發財；紅牽仔，俗稱天公錢，五帝錢，代表祈求財庫財運，五帝據說代表清朝盛世五皇帝，順治、康熙、雍正、乾隆、嘉慶的王朝，五帝錢就是那年代的各時期通寶錢幣，又一說代表古代的五帝堯、舜、禹、商湯、文武帝。

清明祭祖、中元普渡的祭品，也是應時必備的產品，諸如紅圓、麵龜、發粿、潤餅皮、壽桃、麵線、佛手、佛包、摩訶、必桃、素三牲、丁仔粿、米糕豆、各式糕餅……等，在節日前在店裡都可以看到，

圖4-10　拜天公的紅圓、紅龜、牽仔〔五帝錢〕

喪禮則必須加以預訂。中元普渡中，有三種快要失傳的祭品，佛手包和必桃、必粿也可以看得到。佛手、佛眼是專門來祭拜神明的，而必桃、必粿，則是來祭拜好兄弟，都有保平安之意。必粿又稱爲摩訶，外型似蓮花，裂痕呈環狀，中央成圓盤狀，象徵神聖花朵，有普渡眾生之意。必桃外型像壽桃，給好兄弟做壽的意思，中間裂開，有讓好兄弟早日脫離地獄的涵意。佛手是一種作爲手形的麵食製品，常在佛教或道教施食的場合中出現，象徵觀音佛祖對於好兄弟伸出救苦之手，道長法師在施食時拋出，不少民眾會爭相搶食，食用後具有保平安之效果（**如圖4-11**）。摩訶、必桃、佛手是訂做的祭品，必須預訂才會製作，店裡少見。

華香珍餅行，位於彰化市最古老的南門市場，在菜市街路旁，是現在市場內唯一一間的百年麵龜店，店面沒有華麗的裝潢，卻飄散著濃濃的臺灣歲俗節慶的味道。來此走讀一趟民俗文化巡禮，以及找尋彰化古

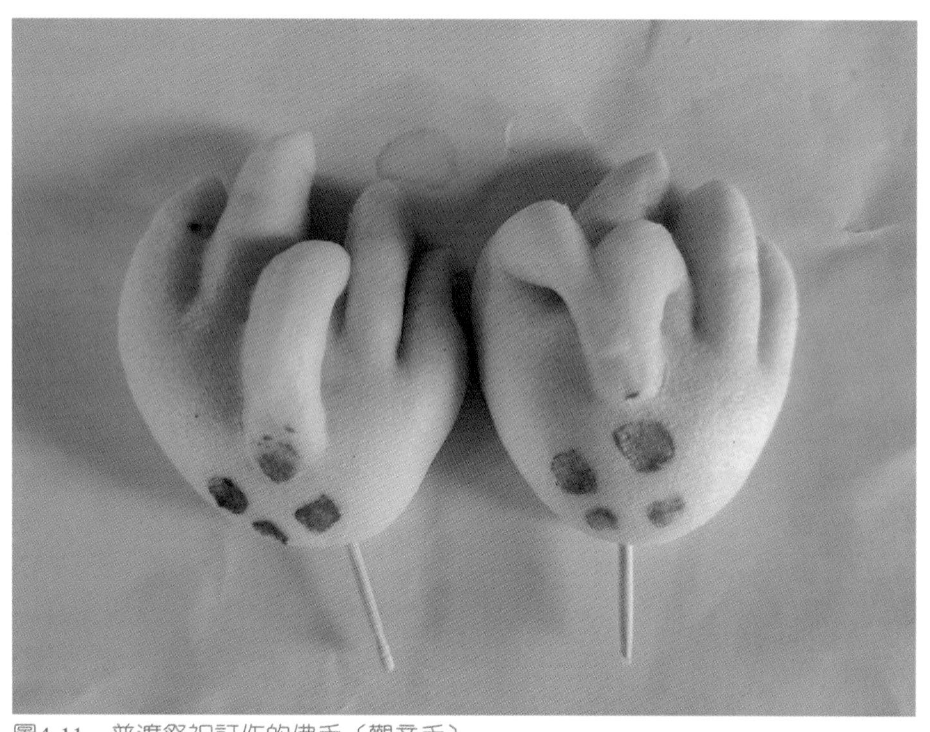
圖4-11　普渡祭祀訂作的佛手〔觀音手〕

城糕餅歷史的鹹甜滋味，一定讓您口齒留香，心滿意足，留下豐富的飲食文化意象。

百年麵龜店——華香珍餅行

聯 絡 人：陳國村
地　　址：彰化式菜市街南門市場214號
聯絡電話：(04)7249213、(04)7248189
營業時間：每日上午8點至下午5點

蔣敏全　撰

佳奇鮮奶饅頭專賣店

「我們做吃的，一個一定要信用好，衛生第一，自己都不敢吃的，寧願丟掉也不賣。」

本身是機械工程相關科系畢業的蔡世宗老闆，曾經是一位塑膠射出製模的廠長，究竟是何因緣踏進了食品業？更是什麼原因讓他做起了口味獨特的鮮奶饅頭？

一、生平簡介

蔡世宗先生，彰工技工科六十六年畢業，這個科系即是外界所說的「黑手」。

約莫民國七十年時，蔡世宗當完兵之後，一個二十三歲的年輕小夥子，曾經做過鞋業、機械修護等相關行業。但這些行業在當時而言，對蔡世宗來說，要足以養活一個家庭，其實並不容易，他毅然決然的求職於塑膠射出製模工廠，從事分裝保特瓶的工作。這在當時民國七十年代的臺灣，企業正面臨轉型的關鍵期，他就成為臺灣第一批的技師。從小小的分裝員，經歷過員工汰換，蔡世宗當到了廠長的職位，而這些過程算起來就是十三年。筆者在訪談蔡老闆時，可以從他的眼神與交談中，看出當時臺灣經濟的榮景，也可見得他回味當時年輕打拚的衝勁，儼然是一位懷有抱負與憧憬的年輕人。

位至廠長的蔡世宗，令筆者不禁好奇為何會放棄這麼好的職位，畢竟薪水也不低，在當時的臺灣社會，算是一份蠻高的收入。蔡老闆說：「工作做久了，還是有職業倦怠啊！從年輕打拚到中年，會想有更好的目標。也因為廠長的壓力很大，需要顧及工廠上上下下的安全與運作。加上在飲料界也有大小月的差別呢！」。原來，製作寶特瓶所搭配的飲料，對於社會人們的需求而言，也有淡旺季，旺季的產量那是不用說，但到了寒冷的冬季，幾乎很少人會想喝飲料，進而工廠的訂單生意就不是那麼好，這是一個現實面的問題。看著蔡老闆邊說邊跟筆者介紹寶特瓶的材質等，能看出他對這份行業是有熱忱的，且從中學到很多技能與知識。

二、人生轉捩

當時，面臨職業倦怠加上壓力的負荷，爲了養家，身爲長子的蔡世宗，還有父母及弟妹親得照顧，需貼補家計，在飲料界的小月時，收入不夠負擔家計，因而，蔡世宗的太太建議他可以考慮轉行。適逢家族親戚的包子饅頭店因爲分家的關係，頂讓店面，老闆娘建議他去頂下親戚的店，而這也讓蔡世宗考慮許久。正當蔡世宗決定接手包子饅頭店時，原本工廠的老闆此時卻不放人，蔡世宗權衡良久，與其老闆商議，早上做饅頭，下午到工廠訓練徒弟，指導技術上故障的排除等，他的老闆才同意他的離職。

民國八十四年開始，當時彰化並沒有人做鮮奶饅頭，這是一個很新鮮且吸引人的食品，聽著蔡老闆的描述，當時的生意好到從早忙到晚上都沒辦法休息，時常是搶購一空的情況，甚至當時蔡老闆夫婦的幼子們，還需夫妻兩輪流去接送上下學呢。

三、經營故事

事業剛起步，難免會有挫折或是失敗的地方，蔡世宗說：「要做饅頭很簡單，但要做好饅頭卻不容易呢！」，當時靠著親戚教做饅頭，蔡世宗是學會了做法，但其中的工夫，卻是需要經驗的累積，如濕度的掌控等。累積不少的失敗經驗，蔡世宗說，那些過膨的饅頭，覺得丟掉很浪費，於是就去跟慈愛醫院的人員接洽，願意將這些饅頭送給院生們，筆者聽到此，心裡滿是感動，一掃商人重利的心態，從與蔡世宗的談話中，可見他是一個有良心、有愛心的商家。

在不斷的慢慢摸索中，建立了品牌，逐漸有了客源基礎，生意也逐趨穩定。此時，為因應逢年過節所需，有客人建議蔡世宗也可以做壽桃來販賣，由於該位客人知道做法，於是，蔡世宗就沿聘他來協助店內生意，這也開啓了鮮奶饅頭之外，另一項商品的契機。

蔡老闆也提到，曾也遇過同行相競的問題，從事製作壽桃後，因有許多同業也有生產此產品，於是，剛學習製作壽桃的蔡世宗，去請教同業材料來源時，對方並不想說，蔡世宗並沒有因此而放棄，他就到廟裡，觀察壽桃塔的材料與廠商，一一去聯絡並採購。從底座的紙盒，到外層的塑膠膜，還有塑膠裝飾品等，蔡世宗不厭其煩的自己研究與跑工廠，可以看出他堅持且努力不懈的態度，而這也是他對於食材與用料的品質堅持。

關於饅頭的用料，蔡世宗堅持材料內餡一定要好，尤其是主要的物料──麵粉，饅頭與壽桃的麵粉需要用中筋麵粉，高筋會使麵皮太緊繃，適合做小籠包那類的食品；低筋則適合做雞蛋糕之類較綿密的糕點，這些都是蔡世宗去麵粉工廠比較且學習得來的。蔡世宗提到他做饅頭的原則：「賣出去的東西一定要是自己喜歡的，當成自己的小孩一樣，仔細照料，需做到品質保證，不然，口碑好，人們稱讚是自然，一但品質差劣，那可是會傳得很快呢！」從蔡老闆的回應中，他對著自己做這一行有很大的堅持，不會因為減少成本就偷工減料，完全是真材實料。講到這，筆者不禁問，那麼蔡老闆做這一行會不會也有倦怠的時候？蔡世宗說，當然也是會有，但是踏入這一行到現在，兒女也都長大了，夫妻倆假日也會利用時間去戶外活動，尤其是喜歡爬山的他，更是因為「爬山」與老闆娘相識結縭的呢！

四、產品製程

關於饅頭的製做過程，蔡世宗在在強調，品質一定要守住！麵粉要用好的，其他的就是配料比例要調配勻稱，這是他一點一滴，靠著經驗累積而成。通常備料的時間需要一到兩個小時，饅頭的製做環境需要冷的環境，所以，在製作饅頭時，氣候的因素蠻重要的，需考量冬季、梅雨季等，若是天氣不夠冷，則需加入冰塊。蔡世宗提到，做饅頭成不成功，麵糰很重要，攪拌器是個大功臣，它控制了麵糰的Q彈性，不能攪到出筋，若是出筋，則麵糰就會容易拉斷。攪拌器能掌握麵糰的拉力與Q度。再將做好的麵糰擲入成型機裡，讓這臺機器去塑形需要的麵糰形狀。下一步是發酵，這關乎到手揉麵糰的工夫，蔡世宗堅持手工製作（如圖5-1～5-5），不用過多的機器去大量生產，兼顧品質與口感，每一個步驟都非常仔細。發酵爐是用來使原本小小一顆的麵糰發酵膨脹，

圖5-1　老闆介紹製作機具

圖5-2　老闆介紹機具

圖5-3　製作麵團的機具

圖5-4　製作麵團的機具

而這架發酵爐，是彰化現在僅存的古早式發酵爐，蔡世宗說：「現在的發酵爐多是採用白鐵製造，大大一臺鐵爐，我們這臺發酵爐，可以說是現在彰化唯一一架還在運作的發酵爐。」，看著蔡老闆操作示範著，從將饅頭層架的卡榫插入發酵爐的軌道，進而透過底部的過爐瓦斯加熱，發酵爐內層兩邊有蔡老闆自製的對流風扇，使得爐裡的空氣能夠暢通對流循環，門板再留一點空隙，讓爐裡的熱空氣散出來，不然水氣會使得饅頭腐壞，影響品質。種種的設計與研發，都是蔡老闆一手研究與嘗試，需要什麼材料與用具，就自己改良設計，這是蔡世宗對自己的要求與堅持。

圖5-5　古早式的發酵爐

五、未來展望

談到未來發展，蔡世宗的兒子提到，目前也會研發一些新的口味，這是爲了要符合大眾的需求，現今日新月異的時代，人們喜歡新鮮感，目前臺灣很多年輕大眾喜歡西式的餐點，諸如三明治、漢堡類的速食，蔡世宗的兒子蔡名凱說：「漢堡這種西式食物需要煎肉等需要等待的時間，而饅頭較有方便性與便宜性的特點，飽食度也很夠，但就是豐富度較少，也缺乏些新鮮感。」，現在的產品之中，也有芋頭饅頭、花生饅頭等，所用的芋頭，都是去市場買，回來拔絲摻入饅頭中，絕對是眞材實料，花生也是從市場採購，蔡世宗買回慢慢磨至成粉，再摻入饅頭當內餡。選擇用純手工的方式，不用現成便利的罐頭材料，避免化工食品的製成，使用的都是「眞」食材，這是蔡世宗堅持的品質保證（如圖5-6～5-9）。筆者問到，爲何會選擇用鮮奶當配料？蔡名凱說：「鮮

圖5-6　塑型麵團的機具

圖5-7　白鐵式蒸爐

圖5-8　白鐵式蒸爐

圖5-9　工作檯

奶本身有油脂，使得饅頭的表面可以光滑且能散發奶香，口味特別，口感綿密，充滿香氣且Q彈，採用自然發酵的方式製成。」。

堅持新鮮、不添加化學材料，秉持手工製作，是佳奇鮮奶饅頭蔡世宗老闆的原則，對於饅頭的製程相當仔細，透過經驗的累積與堆砌，才能產出香氣四溢，Q彈光滑的鮮奶饅頭。

佳奇鮮奶饅頭專賣店

聯 絡 人：蔡世宗
地　　址：彰化市彰美路一段116號
聯絡電話：(04)7265098、(0919)685778
營業時間：上午8點至晚上9點

黎駿達　撰

秉持傳統又兼顧客人意見的百年餅舖
新香珍餅舖

一、從永安街移至車路口

彰化城有這麼一家百年老餅店，創立於明治三十一年（西元1898年），到目前已傳承至第五代，以傳統工藝手法製作糕餅聞名，位於彰化市車路口的「新香珍餅舖」（如圖6-1）。早期「新香珍餅舖」營業、製作的場所是在彰化市永安街的老家，當時因爲道路要擴寬，就從老家移至車路口現在的營業地址（早期是稱市仔尾），這裡是彰化市通往臺中、草屯的要道，平常街道車水馬龍，來往人群絡繹不絕，一間令人嘖嘖稱奇的百年糕餅老店於此地誕生。不過這餅舖老舊的鋁框玻璃

圖6-1　新香珍餅舖招牌

門，外觀上真的是低調過了頭，走到這條路上都還要稍微的找一下才找得到呢！

二、組成「福德會」

於我，以爲對它不陌生，但如果沒有這次文化專題研究的踏查，還眞不知道它已有百年的歷史，令人難以置信。我娘家在距離新香珍餅舖的不遠處，家父和第三代經營者劉易謀先生（人稱員外）又是好友，平常就與他們如家常般的互動，劉易謀老闆和十幾個好友組成一個「福德會」，他們因爲此會常聚在餅鋪一起泡茶、聊天、並討論「福德會」的各項事務，餅舖就成爲這一個「福德會」會員的開會集聚所。記得家父三不五時會從餅舖順意帶些糕餅、粿回家，有時候是買的，有時是他們給的，很奇怪，我對紅龜粿卻情有獨鍾，它薄皮Q軟吃起來還會彈牙，久而久之，品嚐粿中細微、巧思的香甜味，令人回味無窮。

三、「一脈相承」的家庭

「新香珍餅舖」歷史悠久，述其歷史應回溯到清光緒年間，現在老闆劉仁民的曾祖父當時以製作祭拜神明的紅龜粿聞名「彰化城」，後來傳給其祖父劉臨、父親劉易謀「一脈相承」，易謀老闆是個單純的經營者，他是一位臺鐵職員，事實上沒有參與糕餅製作，店內的糕餅都委由一代傳一代的師傅製作，而師傅就是他的「房頭仔內阿叔」，一直到長子劉仁民（第四代）從高中畢業跟著家中師傅學習製作，在師傅退休後成了傳人，於是經營者兼師傅（如圖6-2），四十幾年的

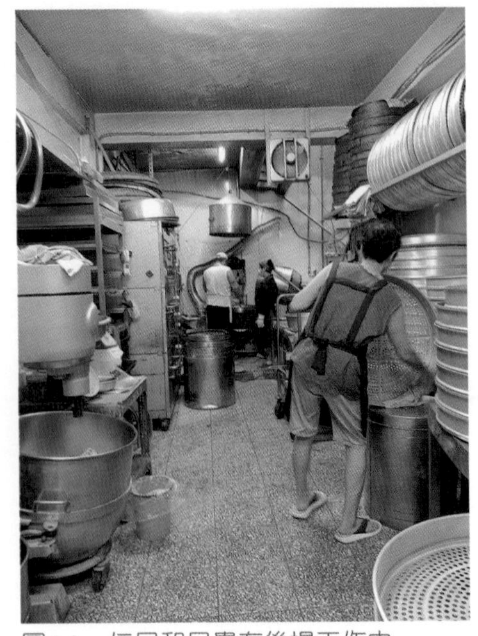
圖6-2　仁民和月貴在後場工作中

做糕餅技藝和他對工作的熱誠已到爐火純青境地，第五代的劉展誌，也已經獲得父親的眞傳，最重要的是他也樂於繼承祖先傳承下來的「衣缽」。

四、仁民「心坎的感嘆」

已歿的劉易謀先生（第三代），生有四男一女，老二梓民（住嘉義，是一個經營渡假村的老闆）、老三寧民（住彰化）、老四浩民及最小的是女生汝玲（住臺北），雖然只有大哥仁民繼承家業，但其他各個也都有很好的成就。仁民今年六十七歲，外表看起來比實際年紀年輕很多，看不出做餅歲月的累積，但「阮就較頇顢讀冊，才著來學做餅！」他說，聽起來打從心坎的感嘆，是在感嘆歲月的流逝？一轉頭「按呢嘛好，早起時做餅，下晡我就會使去peh山做運動，這種生活嘛袂穤，食到這個歲矣……」劉仁民老闆如是說（如圖6-3）。

圖6-3　仁民老闆

五、是一個家族的茁壯、傳承和堅持

仁民的太太藍月貴從臺北嫁到彰化已三十幾年，現在當阿嬤（如圖6-4），她待人熱情，臉上常洋溢著笑容，兒子展誌，已婚，育有一子，他都是負責後場製作，和他聊天時隱約可以從他的臉上看見「少年囡仔」的靦腆。女兒奕岑也已嫁人，個性直爽，應對客人如流，婆家就在市仔尾，和娘家距離很近，平常會回娘家幫忙櫃臺收銀、包裝的工作，也會在年節特別忙碌的時候，除了櫃臺的工作之外，還負責所有人的餐，她對從小看到大的店面工作已是駕輕就熟。仁民、月貴他們帶著第五代傳承人展誌一起忙於後面工作檯的工作時，所看到的是一個家族的茁壯、傳承和堅持。

六、每一份子各司其職

「伊才是頭家」聽仁民老闆說，並指著展誌，聽起來「干焦親像伊連鞭欲退休矣！」，不等他說完話，我就沿著長廊走進工作後場裡，走著走著，聽第五代傳承人展誌說，他每天約清晨三點就得開始準備今天要做粿的食材，大致上，工作的時間和爸媽交叉分配，另外又雇了兩位員工（其中一位是海產姆仔，她是易謀老闆的朋友之妻），之前海產姆仔是做海產買賣生意，現在兒女都已成長，不需要再那麼辛苦的工作，所以受雇於此舖，在生活上也比較有規律性。另一名員工在後頭的工作間不停的忙於揉麵和包餡，仁民則負責粩的製作，他和海產姆仔是「一對手」，四人穿梭於工作間，忙得不可開交（如圖6-5）。

圖6-4　老闆娘藍月貴（左）

圖6-5　展誌、海產姆仔

阿嬤則因年歲高，就坐在一旁看著忙碌的兒孫和顧客來來往往，她就像守護神鎮守著這一間百年老店，有一種樂在其中的甜味感

（如圖6-6）。每個清晨六、七點就有一些顧客會陸續進場購買，通常大約九、十點是店內販賣的高潮，十一點左右顧客依然三三兩兩，一直到十二點過後粿大概就售完，鐵桶內的粩也只剩下底層一些些而已，一天的工作隨之落幕。

圖6-6　阿嬤

七、節令必備供品

另一日訪談時，適逢農曆十月十五日（下元）是「水官大帝」的生日，該神會下凡人間，爲民解厄，所以當天人們祈願神靈、拜天公，享祭祖先，會準備香燭祭品拜祀水官大帝，以求平安，還吃香潤可口的油炸食品糰子或粿，所以新香珍依此節令會做粩、做粿，包含麻粩、米粩、塗豆粩、椰子粩和紅龜粿販賣，以配合祭祀和人們需求。看著穿梭於長廊間的顧客買菜頭粿、鳳梨酥、芋沙餅、麵龜、綠豆椪、白雪酥等等，若要說讓新香珍餅舖揚名或代表作是甚麼產品？我答不出來，幾乎每一種、每一口都好像穿過飯廳，走進深長走廊後頭的工作間探索尋訪一樣，都是令人難忘。

（一）粩

看似蒟蒻的就是麻粩、米粩裡面經過炸膨鬆的粿子，原料是糯米和芋頭製成的，我們稱它爲粿乾。它是一種芋頭，但不是菜市場裡賣的芋頭，算是比較原生種的芋頭，經過乾燥後，裹上經過調製的黏稠糖衣（通常是麥芽糖和白糖的混和），之後在外層裹上各式佐料（傳統上是白芝麻、黑芝麻、花生粉、杏仁片和米香粒），成爲外層柔軟綿密，內裡酥脆篷鬆的粩。老闆透過珍藏的祕方精心製作粩，將食材的特性發揮到淋漓盡致，它除了民間祭拜「天公生」的時候的重要甜品類供品，也成為現在顧客的伴手禮或專屬茶點，粩平常銷售量比年節時需求量更大，它沒有精美的包裝，卻象徵新時代粗俗的吃食文化，也是目前有口皆碑的名產。前人的智慧，利用天然的材料做出的美味「麻粩仔」、「米粩仔」已流傳百年。

（二）牽仔、紅員、麵龜

現代人祭拜方式越來越簡單，充滿人情味的供品雖然越來越難見到，大多也會被糖果、餅乾取代，但像拜天公、拜財神的「牽仔」、「紅員」，是由糯米製成，「牽仔」上面一串錢幣象徵牽仔牽錢有富貴、發大財、事業順利之意，用桃形代表孫輩，用圓形代表兒子輩，和女兒為父母做壽的四角形祝壽的麵龜，還是有人會依照傳統來請他們做，本著傳統、傳承的宗旨，深耕敬神（如圖6-7）。

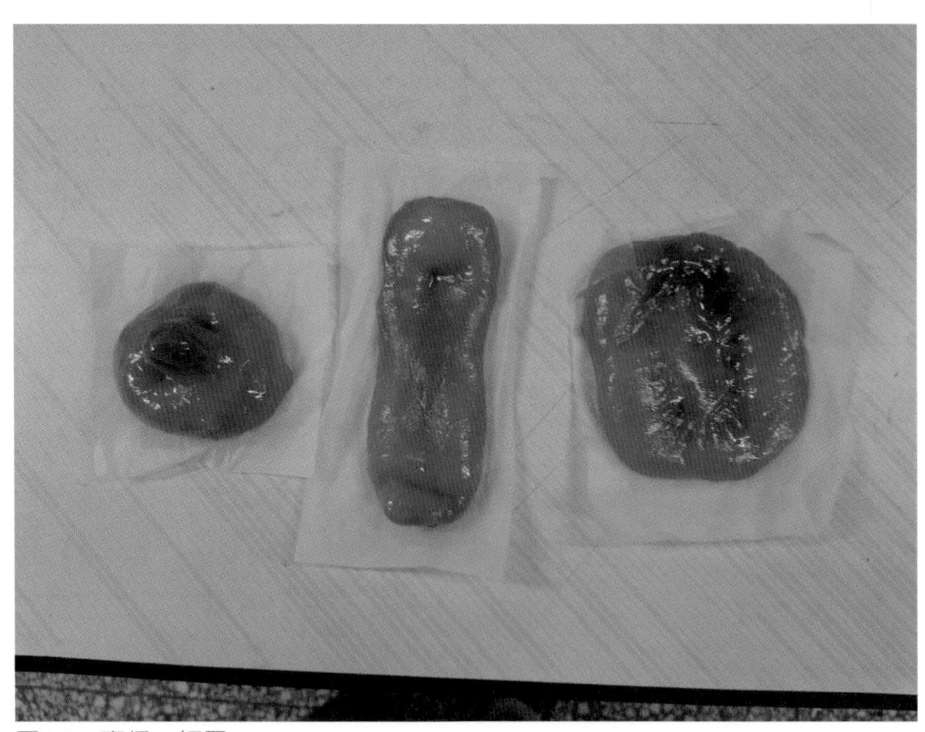

圖6-7　牽仔、紅圓

（三）芋沙餅、糕仔

老闆說以前在中秋節才會做的芋沙餅，因爲現代人的觀念不同，並不是在年節才會吃芋沙餅，所以芋沙餅在平常也多少會應顧客的訂購來做。主要的芋頭是一種平民食材，幾乎人見人愛，它除了吃了容易令人有飽足感外，還富含許多重要物質，例如鉀可幫助血壓降低，而且富有高纖維質，適合現代人飲食習慣，它含有一種黏質，可促進肝解毒，鬆弛緊張的肌肉及血管，可以說是簡約糕餅的極致，也成爲一些彰化人的月餅。「糕仔」是以往逢年過節，拜神祭祖、新婚嫁娶時才會做的，至今是滿載著心願與心意的懷舊伴手禮，它以傳統圖騰特製的模具，使其成塊狀並結合現代烘培技術，將這項傳統美食的百年風味再度喚醒。

（四）紅龜粿、紅圓仔、白雪酥、綠豆凸、蛋黃酥

紅龜粿象徵長壽，做法容易又好吃，但是需要印模，叫做龜印，紅龜粿邊緣須要厚一點，蒸出來紅龜粿才漂亮，這是紅龜粿做法訣竅！紅圓仔意味團圓、平平安安，白雪酥包著香酥的肉鬆（如圖6-8），半鹹甜鬆透口感，綠豆凸緊密扎實，綠豆餡中炒得鹹香的滷肉角，壽桃敬拜神明，壽宴回禮，展露傳統壽桃文化，蒜頭餅吃起來的口感酥酥脆脆，內餡軟Q回香，再加上清甜不刺激的淡淡蒜頭香，牽引著許多家鄉情愫及兒時回憶。

圖6-8　白雪酥

圖6-9　蛋黃酥

新香珍的蛋黃酥、綠豆椪是一種既上乘又便宜的餅（如圖6-9），在中秋佳節，月圓人團圓，親朋好友、商業夥伴總不免俗會彼此餽贈月餅致意，月餅圓潤的形狀象徵著團圓與喜氣，有鹹有甜、口味甜而不膩，這是一項最上選贈禮。

八、新香珍餅舖是一個生生不息的祝禱

相信，偶然的幸運不足以成大事，眞正的成功，一定是累積長久努力，不斷改進，才能得到完美結果。三不五時我會到店裡買粿或和月貴、阿嬷「開講」，我們是主客抑是老朋友的關係，新香珍餅舖不但與我的日常生活、與我的成長緊緊結合在一起，出產的糕餅更是一個生生不息的祝禱。

聯 絡 人：劉仁民
地　　址：彰化市中正路一段283號（車路口）
聯絡電話：(04)7239602
營業時間：早上7點到晚上8點

張文玲　撰

參永餅行

「希望秉持父親的堅持，帶著他的理念繼續傳承下去。」

自民國五十九年創店以來，參永餅行創業迄今已經超過四十六年。座落於三民市場口的麵茶店，外表沒有華麗的裝飾，但卻帶有濃濃的歷史風華印記，它曾經獲得日本糕餅大賞的殊榮，奠定傳統餅行豐厚的底基。參永餅行的產品──超級麵茶，更是擁有豐富的維他命，不僅對身體循環代謝有益，也很適合送禮他人。

一、生平簡介

小時候生活環境困苦，十四歲即開始學習製作麵包的李森雄師傅，人稱Mori師（「Mori」為日本音的「森」）。李森雄在小學畢業之後，由於早期家裡較為貧困，畢業後隨即踏入社會工作，加上親戚介紹，他開始學做麵包，當然，萬事起頭難，剛踏入社會的李森雄，也碰到不少困難與逆境。在早期臺灣社會裡，要學習工夫是採取師徒制的，一個學徒要學成出師，起碼也要三年四個月的時間，以前，李森雄的師傅對待徒弟們極為嚴格，兇起來還會打人呢，但是，這也是為了能夠將自身所學得的工夫，能夠順利且完整的傳承下去，避免後輩漏氣，打壞自己的手藝名譽。「還好，我們不是生在那個很苦的年代」，他說，那個時候的社會，儉腸捏肚，很多人都是勒緊褲帶、一把青菜度一天的生活。十來歲的小孩，就得出來學工夫，小孩工錢不高是一回事，教導的師傅根本不願意傳授工夫，只是告知配料與秤重的量，然後日復一日。那時候，年輕的學徒甚至只能躲在廁所偷偷抄下配方，能記多少是多少。師傅的嚴苛更是不在話下，老闆的母親說，以前的師傅啊，怕學徒學了之後比自己厲害，搶到自己的生意，所以都不願意傳授工夫。我想，這也沒錯，畢竟每個人都有自己考量的立場，在那個困苦無比的年代，每個人都需要生活，需要餬口飯吃（如圖7-1～7-6）。

「但現在社會不同了」，他說。古時社會，童工學徒一個月工資四十元，每天只睡兩個小時，日也做，眠也做，能不能夠出師還不知道。現在的年輕人要學工夫，師傅還要怕他做不下去，地位不比從前了。年輕人有的說不做就不做，這裡不行就換別家，我們當老闆的，當然希望技術能夠傳承下去，鼓勵年輕一輩的來學，他嫌辛苦不想做，那也沒關係，因爲做頭家的「有量才會有福報」，他如此說。當時，年少

圖7-1　老闆獲獎獎章

圖7-2　老闆獲獎獎章

圖7-3　老闆獲獎獎章

圖7-4　老闆獲獎獎章

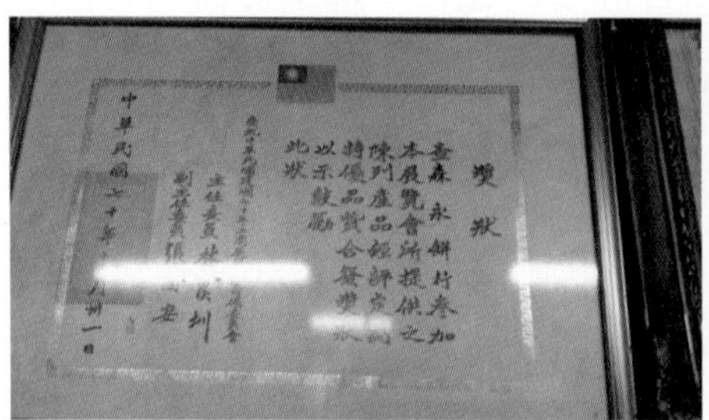

圖7-5　老闆獲獎獎章

圖7-6　老闆獲獎獎章

的李森雄，他還常被其師傅用桿棍敲頭，在嚴格的師傅教導下，令李森雄一度想放棄做麵包這條路，另作他謀，但是，抱持著不放棄，在艱困且嚴厲的環境下，李森雄努力堅持學習，終於出頭，成就往後的參永超級麵茶。筆者聽到此，覺得身爲一個初階的學徒，最少也得需要經過幾年的時間的磨練，才有辦法熬出師，在這個嚴格的汰選過程中，很多學徒耐不住漫長的學習路，有的是受不了嚴師的高壓訓練，有的是堅持的意志力不夠大，有的則是另有變故，而放棄出師的機會，最後能夠堅持且成功的學徒實在少數，尤其在早期臺灣社會學工夫時，很多需要專業技術的行業都是如此，各行各業都有其辛苦的一面，李森雄從起步的艱辛走過來了，他也堅持到現在。

二、艱苦過程

李森雄在當學徒時，遇到許多艱困的挑戰，他曾說：「動作做太慢時，師傅就會大罵，有時甚至還會用壓麵棍敲頭。」，然而，李森雄憑著堅忍的毅力，咬牙接受訓練，他不怕吃苦，只想完成自己所設定的目標與完成自己的夢想。

經過漫長且難熬的學習製麵包過程，出師後的李森雄，抱著展望未來的憧憬，離開故鄉，他曾經到別的縣市店面從事烘培工作，想要闖出一番新天地，而其手下也不少一、二手師傅，在當時亦是經營得有聲有色，然而，事業做得愈大，肩上的壓力與責任相對的就愈來愈大，隻身在外地工作一段時間的李森雄，覺得與其自己在外地這麼累，不如自己開店經營當老闆。此想法一出，當時已經有一些人脈與口碑的他，在民國五十九年時，退伍後決定開店經營。剛起步時，李森雄並沒有多餘的資金購買設備，在籌措經費的過程當中，他就去標會來籌措設備的經費，不管需要投入多少資本，李森雄就是不想放棄努力打拚的事業，心中更是堅定這條製麵包的路，不曾退縮。他對於製作麵包的經驗豐富，也曾經開發過新式產品，像是鹹蛋糕、芋錦條（芋金條）等，在原本傳統麵包的基底上，加入更爲創新且現代的元素。

三、產品多元

除了麵包，爲了因應逢年過節所需，李森雄師傅也推出中秋月餅的產品，不僅口味眾多，有綠茶、水果、栗子、梅香、香菇沙茶等，每一種味道都是李森雄師傅精心研發，用心嘗試多次後，最終面世。早期的月餅以葷食爲主，內餡使用肉餡，也有蛋黃等葷料。爲了考量餅類不能久放，除了傳統大餅之外，也有小月餅，送禮自用兩相宜。

李森雄也曾參與各項食品展覽，如以店內招牌——參永超級麵茶，遠赴日本參與第二十一回全國菓子大博覽會，使得當時食品業者與日本方面讚賞臺灣的好滋味，並榮獲多項獎狀，如中華民國臺灣區第二屆糕餅麵食展覽會評選爲特優。在西點、蛋糕、中秋廣式月餅、漢式月餅、傳統訂婚喜餅、壽桃等，都是李森雄師傅獨到經驗與具有獨特口味的產品（如圖7-7）。

在製作糕點之餘，李森雄師傅也用心喚起民眾對於麵茶的傳統記憶。由於臺灣社會中，麵包店的數量林立，李森雄除了做麵包外，原本就有在販售麵茶，他更改良成隨身包禮盒，如此一來，不管送人或是自用，都非常便利，且又不失代表臺灣傳統美食的特色。李森雄透過無數

圖7-7　店內商品陳設

次的研究與嘗試，使用獨特的原料與專業的烘焙技術，終於研發出具有獨特口味的古早味麵茶。李森雄所研發的麵茶，是以傳統的方式保留麵茶最初的風味，進而炒出令人懷念的好味道。參永超級麵茶的成分以高級麵粉爲主，再加入葡萄糖、果糖、奶粉、煉乳、雞蛋、蔥頭、動物油等其他營養配方，造就出充滿復古的古早味麵茶。關於麵茶的製作過程，是先將麵粉炒到咖啡色，再加入油、葡萄糖、奶粉等物料，混合攪拌，如此重複工序，雖然在店內看不到，但是製作麵茶背後的備料、製作、炒麵茶等工夫，是需要許多時間且投入不少人力，李森雄師傅的堅持，手工製作麵茶，將傳統臺灣社會美食的記憶，灌入麵茶之中，使消費者能夠從中回味古早好滋味。

四、傳統麵茶

麵茶的食用方法豐富多元，甚至還可以搭配其他食品，吃出更多的好滋味。一般可以用冷、熱開水沖泡，即可享有麵茶最原始的純味道。麵茶也可以直接乾食，既不會哽喉，還能達到清涼止渴的功效。將麵茶夾入麵包之中，津津有味，也可以加入牛奶、咖啡等飲品，更加營養綜合。夏天裡，把麵茶加在刨冰或冰塊中攪合，香味特色獨具，或者可以將麵茶沖泡後，放在冰箱冷凍層，味香好吃，是炎炎夏日裡，冰鎮消暑的好良伴，還可以將麵茶製成冰棒雪糕，吃了還想再吃，令人回味無窮。特別的是，可以把麵茶加到稀飯之中攪拌，味道奇佳。麵茶同時也是各種糕類在製成的過程中會添加的物料之一，使其風味更多元豐富。喜愛吃鹹的消費者，可以將麵茶加入少許細鹽，有著特別佳味。上述種種麵茶各種食用方法，使得原本傳統的麵茶，因應各種時代與天候因素，使我們一年四季皆可食用，搭配不同的方式，使麵茶有不同的滋味。消費者也無需擔心麵茶的保存方式不易，只要放置在陰涼處，避免陽光直接照射的地方保存即可，由此也可以看出麵茶不僅味道獨特，也極爲平易近人呢！

參永餅行所推出的麵茶，不僅深受消費者的喜愛，並在口碑相傳之下，於國內外訂單更是源源不絕，甚至還有許多海外的僑胞與留學生們，上飛機前必帶上幾包參永麵茶，在他們想家的時候，泡上一碗熱騰騰的麵茶，吃一瓢濃稠且香氣四溢的麵茶，那種暖呼呼的滋味，從口頰味蕾通透到胃，連四肢都舒暢萬分，不僅口味香醇，更是解了海外人士的思鄉之情。

五、薪火相傳

老闆說：「有些客人會嫌說你們家的壽桃怎麼都不能像其他間的壽桃可以放久一點。我都說拍謝啦，因爲我們家的壽桃堅持不用防腐劑，那樣的壽桃我們也不敢賣，做生意憑的是良心，況且我們自己也會吃自己做的壽桃啊」，筆者聽了極爲感動，在這個傳統製餅、壽桃、糕餅等的產業逐漸式微的社會中，著實還是有一群人，他們默默堅持著傳統的好味道與誠實有良的心，繼續努力耕耘著，傳承自古傳下來的好手藝。

參永餅行

聯 絡 人：李森雄
地　　址：彰化縣彰化市三民路284號
聯絡電話：(04)7227817
營業時間：上午8點至晚上10點

黎駿達　撰

絶活，都藏在細節裡
義華卦山燒

談到伴手禮，在地彰化人眾所皆知的莫過於卦山燒了！

創辦人第一代老闆楊勝隆先生來自豐原，年少時十七歲學習做餅。爲分散市場，離開豐原老家，輾轉至彰化創業。豐原的「義華餅行」！是義華卦山燒的起源。

「義華餅行」創於民國24年，原名「秋月堂菓子鋪」，頗具日本意象的店名，到民國35年時改名，當時楊勝隆先生跟著日本糕餅師傅學習製餅技術，從日本引進製餅機械，楊老先生回憶當時首創的小月餅，可說是費盡心思，思考內餡要怎麼做才能讓客人一吃就上癮，草創初期以聞名中部的小月餅以及綠豆椪爲主軸。當義華餅行逐漸打出名號後，令人慕名而來的點心「卦山燒」，即是楊老先生的傑作！老闆當初的構想希望配合地理景觀、歷史特色以帶動地方名產，因此以彰化八卦山命名。

當家族企業傳承到第二代，由三子楊志川接手後，第二代老闆更獨具巧思加以改進，透過包裝行銷，成爲眾所皆知的彰化名產。

義華早期以做麵包、吐司及奶油蛋糕爲主，彰基的蘭大弼醫師常常來這裡購買吐司，早期小麥的製粉品質不是很好，蘭大弼醫師建議改良吐司配方及用不同的揉麵手法，製作出獨特的鬆軟可口麵包。曾經營過喫茶店——也就是咖啡館，店中一縷縷的醇香中隱隱的透出一絲苦味，配上甜甜的餅，將日式的喫茶店結合自家點心，由此契機、秉持父親的路線，將糕餅點心邁向精緻化。

第二代接班人楊志川，有感於父親創業艱辛，亦想讓陪著自己成長的麵粉香與奶香代代傳承，因之，放棄原有的醫檢師工作，繼承父親一手創立的餅店，於民國72年遠赴日本大學研讀食品專業製作，六年後學成歸國，再創餅店的營業高峰！

一、義華最知名的糕點

「卦山燒」是義華的招牌甜點！製作這道甜點，糕點師傅結合日本的茶點精華，讓糕點呈現金黃色的表皮，一嚐入口，綿密的口感，內餡甜而不膩，果然是店家道地的招牌點心！週末的午後時光，與三五好友或者與家人共享甜點再搭上一杯沏茶，人生最優閒的時刻莫過於此！

二、店家的風格

「卦山燒」店舖在產品外型、包裝上、食材的選擇在在都讓顧客感受到老闆對彰化這塊土地的用心！聞名全臺的彰化八卦山大佛，以傲視人間的姿態，坐鎮在彰化市區！八卦山大佛是彰化最優美的景點之一，因爲「大佛」所以八卦山名氣響亮歷久不衰，在地彰化人引以爲傲的「卦山燒」，與八卦山揚名！喜愛品嚐甜點的老饕，來到中部訪幽尋勝時，不妨帶上一盒「卦山燒」作伴手禮！

三、店內各項暢銷的產品

1.卦山燒

「卦山燒」是最古法精製的產品（如圖8-1），不論是產品外型、包裝上、食材的選擇都讓人感受到老闆對彰化這塊土地的用心與珍惜！來過八卦山的遊客都對大佛留下深刻的印象，而卦山燒也和大佛在彰化一樣久遠，「燒」是一種最不會流失營養的特殊烤培，也是「唐果子」中最爲古法精製的產品之一，麵粉與雞蛋等材料恰到好處的比例結合，再慢火烘培到表皮呈金黃色，卦山燒成爲品茗中的享受，內餡是最傳統的紅豆、牛奶、乳酪及無內餡「綠茶」。何謂「唐果子」呢？「果子」這名詞，頗具玩味，現代話語指的是水果，而古代日本的「果子」，是指天然的水果、果實等，之後因爲穀物加工技術的產生，及甜味、麥芽的提煉，製作出「餅、團子（口感類似臺灣的麻糬）」等點心。早在公元630年～894年這段時間，日本派出遣唐使向中國學習。日本留學生歸國後給日本帶回中國優秀的文化和知識，還一併帶回唐代精美的食

圖8-1　義華卦山燒

物，當時最易於保存的食物是唐代的乾果糕點，東傳日本後，它們很快在日本貴族社會中流行，在當時被稱爲「唐果子」。

2.白鳳豆小月餅

「白鳳豆小月餅」是店家創業之初就有的產品！這款商品獨到之處在：內餡的風味。使用的材料：包括白鳳豆、油、糖等等。由於以白鳳豆爲主要食材，風味獨特，具有養生的概念，吃起來甜度適當，是愛吃月餅又怕胖的消費者的最佳選擇（如圖8-2）。

圖8-2　白鳳豆小月餅

白鳳豆小月餅的製作方式：白鳳豆小月餅的處理過程，先將白鳳豆去殼後浸水蒸熟，再加上精糖、牛奶，奶油、蛋、鹽一同攪拌，經過高溫、殺菌，最後煉成「金黃豆沙」餡，與油皮酥烤製而成。口感酥脆爽口，值得一嚐！

3. 高鐵燒餅

這款高鐵燒餅（如圖8-3），是高鐵通車後，老闆的新構想！卦山燒的專利造型甜點，採可愛版高鐵列車造型，內裝有古早味的牛奶餅，採用進口的紐西蘭奶油、日本嚴選牛奶製成。一打開內包裝，奶油的香味立即撲鼻而來，味道甜而不膩，搭上香甜的牛奶餅乾，咬起來酥脆、口感香醇濃郁。高鐵燒餅主要有四種造型：德國高鐵、南韓高鐵、義大利高鐵、北歐高鐵等四款。

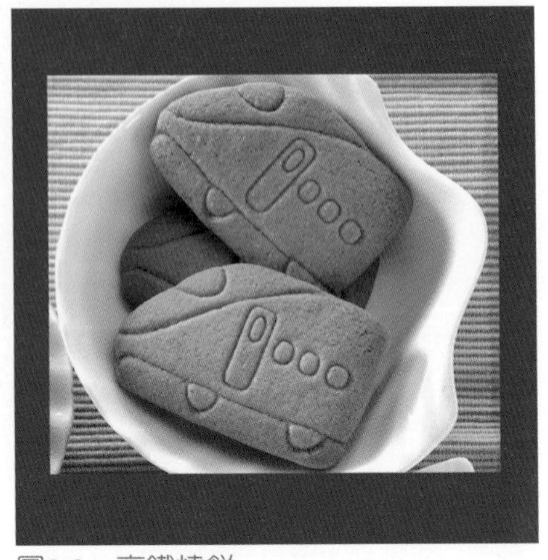

圖8-3　高鐵燒餅

4. 卦山燒喀禮多厚燒

卦山燒喀禮多厚燒的包裝獨樹一幟（如圖8-4），頗具質感，口味亦很特別，外皮是咖啡和核桃的組成！喀禮多厚燒的外皮有很多核桃，吃起來嘴頰留香，除了核桃香還有淡淡的咖啡香。卦山燒喀禮多厚燒的內餡土鳳梨餡，略帶有酸酸甜甜的感覺。客倌們倘若愛吃鳳梨酥的話，卦山燒除了喀禮多厚燒之外，「臺灣三號土鳳梨酥」亦可以嚐嚐！外皮有濃厚的奶香味，內餡有點酸酸又不會太甜的土鳳梨酥，也很不錯！核桃加上咖啡香外皮，還有紮實的內餡，歡迎舊雨新知一起品嚐！

圖8-4　卦山燒喀禮多厚燒

5.半線黃金燒

「半線黃金燒」名字由來與彰化歷史有關，彰化市早期為平埔族的活動場域，舊名即「半線」！（如圖8-5）

製作過程：採用彰化農產之一的鮮蛋經高溫煎烤的特殊技術燒成，獨特具有的蛋奶酪香味和金黃色繡花線紋外皮，內層是精選上等稻米製成的麻糬加上健康的黑豆，每日純手工限量製作！金黃色的煎蛋外皮配上軟Q麻糬，雙重口感讓人大滿足。

圖8-5　半線黃金燒

6.一口茶糕

由杏仁粉、麵粉和奶油特製的餅乾，是品茶之時的搭配點心不二選擇，繽紛的色彩豐富的口感。一口茶糕有三種口味：1.原味黃豆：大豆粉；2.草莓：外層的草莓粉是由新鮮草莓急速乾燥後研磨成粉；3.抹茶：純日本抹茶粉，先苦後回甘（如圖8-6）。

圖8-6　一口茶糕

隨著社會的進步以及消費者習性的改變，經營者不斷的創新改進及自我提昇，從傳統到現代化、從東方到西方糕點文化的融合，店家為經營「卦山燒」企業品牌形象之理念，一直如履薄冰、戰戰兢兢。

「彰化義華餅行」經營者的腳步跟著時代脈動也一直推陳出新。製餅風格保留傳統鄉情，再融合日本精緻的茶點精華，製作出屬於這一世代的糕餅！或許拜彰化歷史與人文之賜。彰化的「義華餅行」開發出傳

圖8-7　義華卦山燒執行長

統與現代的口味，比較鹿港傳統糕餅業，眞是獨具巧思。對於糕點的製作要求，除了基本的衛生、新鮮、可口之外，挑戰顧客的味蕾亦顧及客人們的視覺享受（如圖8-7）。

老闆的用心客人都感受的到，傳承糕餅的使命是老闆的信念，亦欲爲來往的旅客奉上一份禮輕情意重的心意，傳達人與人之間的情感！在電光石火，人際關係脆弱的年代，用一塊別具巧思的糕點，串聯起久違的情感是創業者設想周到的創意。期盼這樣的理念爲社會帶來更多的溫暖交流！

義華卦山燒

聯 絡 人：楊志川先生
地　　址：彰化市民生路152號
聯絡電話：(04)7223989
傳真電話：(04)7277060
營業時間：早上9點至晚上10點

陳雅惠　撰

腳踏實地糬飄香
玉瓏坊麻糬

南瑤宮香客們的首選

大元麻糬、玉華珍及玉瓏坊，號稱「彰化三大麻糬」，有別於軟韌黏牙、皮厚餡薄、口味多樣的花蓮麻糬，餡料飽滿、糬皮薄嫩、味道純粹、順口卻不黏牙是彰化麻糬的特色之一。位在南瑤宮後方的玉瓏坊麻糬是香客們買來供奉神明的首選。玉瓏坊的老闆廖敏宏爲玉華珍老闆的女婿，雖然師出同門，但因消費者的喜好不同，因此有各自的擁護者（如圖9-1）。

圖9-1　位在南瑤宮後巷的玉瓏坊外觀，與盛名相較，其地理位置顯得不太起眼

從五金業之子到麻糬師傅

玉瓏坊自1998年創業至今已逾二十年了。創辦人廖敏宏表示自己雖然是在雲林出生，但是在彰化成長。家裡是做五金業的，而早年的彰化可說是五金業重鎮。臺灣憑藉四面環海的優越地理條件，成爲進出口經濟發達的國家。同時，因爲擁有良好的製造、加工技術，因此加工出口業在早期相當興盛蓬勃，也爲臺灣經濟締造空前的榮景。素有「水龍頭故鄉」的鹿港頂番婆地區便是一例。在這樣的發展下，小學時便跟著父母從雲林移居至彰化。廖敏宏回憶道父母從前做過哨子、電鍍、焊接，以前家裡附近，短短一條街就有十幾間五金工廠，足以窺見「家庭即工廠」的景況。但是隨著中國市場開放，不敵中國低成本的競爭，民國七十年代左右，臺灣的五金產業逐漸外移。原先與父母一樣從事五金行業的他有感於在環保意識抬頭之下，五金業的發展每況愈下，同時在岳父的鼓勵下，也想要轉換跑道看看，便開始學習做麻糬。在當了兩、三年的學徒後，因不想被別人說自己是依附岳父而活的，所以便出來自立門戶。不過，因爲自己的手藝是岳父傳授的，所以便將自己的店面起名爲與「玉華珍」一樣爲玉字輩的「玉瓏坊」，除了好聽外，也富傳承的寓意。

親友的支持是最大的動力

在一剛開始自立門戶時，因爲沒有知名度，經營起來相當辛苦。那時爲了滿足每一位客人的需求，所以任何時段的訂單都全盤接收，客人若早上八點就要拿到麻糬的話，半夜就得起來趕工製作。廖敏宏說剛開店時，生意雖非門可羅雀，但是也不算理想，這讓他不免懷疑自己的手藝、適不適合繼續做這一行。那時的客源主要是靠親友的介紹，因此從創業至今，要感謝的人非常多，像是與姊夫一同經營中藥店的姊姊不時會向來中藥店的客戶介紹自己的店，請客戶有機會的話，可以念在彼此的交情捧場一下，而最感謝的便是妻子與岳父。

成功的男人背後都有一個偉大的女人

廖敏宏的妻子與堂妹以前是彰化三光幼稚園的同事，在堂妹的介紹下，與妻子相識。身爲玉華珍老闆三女的妻子一開始並不贊成廖敏宏出來開店，然而廖敏宏最終還是出來開店後，抱著「嫁雞隨雞，嫁狗隨狗」的心態，跟著丈夫一起經營麻糬店。同時，因小時候有跟著姊妹們一起在玉華珍幫忙父親，所以能在必要時給予一些建議。爲了能全心全意地當個「賢內助」，甚至辭去了幼教園的工作。當丈夫因備料而忙碌時，妻子便獨自擔起養育子女的責任。雖然自己的店到後來已累積一定知名度，不用再像以往那樣徹夜做麻糬，但是現今仍須在早上五、六點就得起床準備蒸麻糬、攪拌餡料，八點開始包製，邊做邊賣，中午休息一小時後，下午繼續做，做到賣完打烊。一做下來，除了睡眠時間外，一整天的時間幾乎都貢獻給麻糬。由於自己在關店後還得忙著準備隔天製作麻糬所需的食材，而妻子主要是負責與客人接洽的，在打烊後便有較多時間照顧兒女，因此他直言自己並不是盡責的父親，在子女成長的路上，經常缺席，所以對於兒女感到滿抱歉的，所幸兒女也都很長進，不僅乖巧懂事，而且成績也總是名列前矛，可說是品學兼優，相繼進入名門大學就讀。雖然擔心後繼無人，但他也期盼兒女能做他們想做的事，不希望子女像他一樣那麼辛苦。

岳父如半父，女婿如半子

談及親如生父的岳父，廖敏宏盡是崇敬與感謝。廖敏宏說岳父可說是他的楷模，從學習製做麻糬、開業、經營等方面上，岳父惠其良多。從「我岳父是一個德高望重的人」、「雖然他的店相當有名氣，可是因爲他是一個簡樸的人，所以絲毫沒有名店的傲氣與冷漠，而這樣的精神也深深影響著我」等話語，再再透露出他對岳父的欽佩。岳父起初其實和妻子一樣，並不贊成廖敏宏出來開店，認爲只要跟著他在玉華珍好好學習就好。即使如此，在玉瓏坊開幕時，岳父仍從玉華珍調派師傅來支援。最令廖敏宏印象深刻的是在開店初期，當自己對自身能力產生質疑時，岳父便會以自身經驗告訴他做生意本來就是起起落落的，只要慢慢累積經驗，培養耐心，就會越來越好。而且在自己剛開店時，岳父還會跟來玉華珍的客人說：「我女婿在南瑤宮那有開一間麻糬店，手藝是傳承自我的，下次不妨可以去去看。」店裡的生意就在岳父大力的幫助下，逐漸興隆昌盛，並且慢慢累積出知名度。此外，為了能彼此相互照應，因此玉瓏坊休息時間都會與玉華珍錯開，以便在客人撲空時，能夠去玉華珍買。與岳父創設已五十多年的玉華珍相較之下，雖沒有悠久的歷史，但也算是已有一定歲月的麻糬名店。對於是否與岳父的店存在競爭關係，廖敏宏二話不說地答「不」，因為有的客人可能吃慣岳父做的麻糬，有的客人則習慣到自己的店買，無形之間養成了品牌忠誠度，形成了一定的市場。有時也會有客人好奇自己的店和岳父的店有何不同，因此也能吸引到一定的嚐鮮客。

對傳統理念的堅持

廖敏宏說自己的麻糬雖然在製作工法上是承襲自岳父的手藝，但是每個人的能力都不同，就算給一套SOP，成品也不盡相同，所以有些美食評論家認為自己的店賣的麻糬和玉華珍的有差異是在所難免的。而深受岳父秉持著「古早味」的理念之影響，自己在製作上，也堅守這樣的傳統。岳父做的麻糬不放任何添加物，自己在製作麻糬上，同樣也維持著麻糬的原味。玉瓏坊的麻糬不添加任何乳、蛋製品，因此即使是全素食者，也可以安心食用。也因如此，麻糬買來後，最好要及早享用，以免麻糬皮很快就變硬而失去其彈牙的魅力。遠從屏東來的顧客劉先生便說玉瓏坊的麻糬有古早味，第一次品嚐的時候，美味的麻糬就令他印象深刻，只要有事北上或南下返家時，不時便會前來購買，讓他不禁直呼「彰化人真幸福！」而其中花生、芝麻這兩種口味最受顧客歡迎，廖敏宏表示在製作花生口味的麻糬時，會加些許鹽巴來調味，讓鹹津津的鹽味與甜膩膩的糖味相互調和，迸發出獨特的滋味；而在製作芝麻口味的麻糬時，則會活用芝麻紮實綿密的特性，充分填滿內餡，以彰顯出精、實的口感。自稱是「麻糬控」的顧客柯小姐即表示玉瓏坊的麻糬是她個人相當鍾愛的麻糬之一，雖然只有花生、芝麻、紅豆三種口味，但花生口味甜中帶鹹，芝麻口味香氣四溢，而紅豆口味甜而不膩，因此這三種口味都值得一推（如圖9-2）。

圖9-2　甜中帶鹹的花生麻糬頗受顧客歡迎

不做創新卻腳踏實地

面對「與玉華珍的差別」之質疑，廖敏宏表示自己的經營理念是「踏實」，意即專注做好麻糬，讓每一位客人都能夠「吃在口中，甜在心裡」。在創業之初，曾經有自行研發香菇蘿蔔麻糬，在當時也獲得一些好評，但是考量到多做鹹味麻糬會搞得自己分身乏術，也會影響到麻糬的品質，所以後來便決定只專作岳父教他的花生、芝麻、紅豆這三種口味的麻糬，也因爲這樣，所以不同於除了賣麻糬，還有賣酥餅、鳳梨酥、綠豆椪等傳統糕餅的玉華珍，玉瓏坊是一家甜味麻糬專賣店。在秉持著腳踏實地做好每一顆如珍珠般圓潤飽滿的心意下，不知不覺間便養成了一批忠實顧客。營業時間，店內的客人總是絡繹不絕，即使筆者在營業時間將要結束時前去訪談，但老闆每每才回答不過幾句，便得暫時中斷談話，爲客人服務。甚至有一些客人還不遠千里地從外縣市開車來採買，買了足以裝滿後車箱的量後，就揚長而去。從店門口大排長龍的隊伍來看，名氣絲毫不遜於玉華珍，實在的用料、使人一試成主顧的食感可見一斑。廖敏宏表示因自己個性使然，所以並沒有研發新口味的想法，只是延續著岳父所傳授的手藝。另外，因爲自己比較不會經營生意，所以面對有些客人對服務態度方面有所抱怨，自己也承認還有很多的不足，例如在忙碌的時候會忘記微笑。不過，對於廖敏宏而言，「做好麻糬」遠比「賣好服務重要」，但正是因爲這樣「固守傳統」的精神，麻糬的甜味與香氣才能夠與廟裡鼎盛的香火一同持續在南瑤宮飄散瀰漫著。

玉瓏坊

聯 絡 人：廖敏宏
地　　址：彰化市民族一街28之2號
聯絡電話：(04)727-2552
營業時間：上午8點到下午5點（公休日依公告）

曹仲寧　撰

熱食小吃

七十年的時光薈萃
貴美潤餅

彰化市，一個充滿念古、傳統情懷及人情味的城市。每年清明節，總有許多彰化人返鄉祭祖，在一天的勞動及虔心祭祀後，仍不忘捎上一份潤餅，使得潤餅店每逢清明節便大排長龍。而位於永樂街上的七十年老店——貴美潤餅，便是眾多忙碌店家的其中一間。

一、緣起——光陰的故事

貴美潤餅的裝修十分質樸。單看店面外觀實在難以想像：就是這樣一間小店鋪，與彰化市一同走過七十年的風雨。初訪此地，目光便被店門前的攤車及色彩豔麗的大招牌吸引，上頭標註的三個大字「潤餅餃」可謂相當點題。「餃」一字爲閩南語發音，讀音「kauh」，指成捲或包在一起的食物，同時還有單位量詞「捲」的意思。在閩南語中，「餃」的語境多指潤餅。店家招牌的字樣淺顯易懂，一如這間老店樸實直率、簡明有力的風格。入內後，牆上張貼的各年代剪報及名人合影琳瑯滿目，昭示著此處經過時光的淬鍊。這些相片雖排列得不夠齊整，卻以另類的方式彰顯老店的煙火氣。彷彿跨越時空，將人帶至數十年前的古早街道（如圖10-1）。

民國35年，莊頭先生挑著扁擔，沿街兜售潤餅。當時廣受好評，於是這深受大眾喜愛的潤餅便延續了下來，並爲往後的幾代人奠定了基礎，這就是貴美潤餅的源頭。然而，貴美潤餅正式開業還要追溯至民國46年，那一年莊陳貴美女士自田中嫁至彰化市，婚後跟著丈夫，一同向公公學習製作潤餅。最初莊女士僅在內場料理食材，直到熟悉相關事務後才至一線接觸顧客。待生意穩定兩人才開展店面，沒想到便這般營業了一甲子。現由莊陳貴美女士及其孫子莊豐蔚共同經營，傳承意味濃厚。

圖10-1　貴美潤餅店面

二、特製潤餅——家族的古早味

店內販售的潤餅份量驚人，餡料多樣且口感紮實，餅皮軟嫩卻不乏嚼勁。共有四種口味，分別爲素食、葷食、鹹味、甜味，充分考慮顧客們不同的需求。老闆製作時，會爲潤餅放置基本配料：包含香菇、紅蘿蔔、豆芽、豆乾、高麗菜，以及炸得金黃焦香的蛋酥，隨後鋪上些許滸苔，最終灑上花生粉與糖霜。若點取的是葷食口味，還會再裹夾些許瘦肉，並淋上一勺鮮香的滷肉醬汁。種種材料，皆充盈著古早的氛圍及韻味。在這當中，滸苔更是現今少見的食材，其又稱「苔條」或「苔菜」，乃藥食兩用的藻類植物，營養價值極高，是潤餅常見的配菜。「這個就是很傳統的古早味了，現在很多人都沒吃過，或是吃過但不知道是什麼。它的外觀很像海苔，但吃起來多了一點海味。」

在眾多的配菜中，店家還增添了一些巧思，讓自家潤餅的風味更具層次。老闆透露：不少潤餅攤在調味時添加糖粒，使潤餅的調料帶有顆粒感。而自家更偏好綿密細緻的口感，所以採用了質地更細的糖霜。

當細密的糖霜入口即化、甜味迅速在舌尖散播時，那唇齒留香的滋味便不斷擴散，叫人難以忘懷。肉絲的原料則選用腰內肉，其鮮甜不油膩，是保持潤餅清新香甜的首選。但重要的配料不僅止於此，眞正美味的秘訣，在於特製的蛋酥。店內的蛋酥爲莊頭老先生傳授，經過時間的考驗及篩選流傳至今，是歷久不衰的好味道。同時，亦是驗證師傅功底的靈魂配料：炸蛋酥時，火候和烹調時間必須把握得當，多一分便破壞風味，少一分則失了酥脆。老闆強調：這些配方皆沿自祖母，並未更動。店內的榮銜經由多少歲月積累不言而喻。

至於潤餅的另一主角：餅皮，則是向民權市場的「莊潤餅皮」購買。現任老闆莊豐蔚表示：莊潤餅皮的創始者爲自己的叔公，目前已傳承三代。而民權路上頗負盛名的潤餅店，則爲叔叔創立。家族內不少親戚皆從事和潤餅相關的工作，因而以「潤餅世家」形容莊家也不爲過。經營過程中，親族間以上下游模式互動、管理並相互支持，非但未出現惡性競爭，反將彼此關係拉近。「這就是家族間聰明又團結的地方。」老闆笑答（如圖10-2）。

圖10-2　店內琳瑯滿目的報刊及照片

三、外帶還是內用？——隨處可見的小驚喜

潤餅店一天的忙碌從清晨開始。店家五點便開門準備材料，六點後正式營業。往往尚未破曉，就有不少食客前來購買，為接下來的一天儲備能量。絡繹不絕的人潮並未影響老闆的速度，只見老闆俐落地攤開兩張薄潤餅皮，迅速擺上配料後便捲起餅皮進行包裝。若購買三捲以上，店家便會將潤餅整齊放入折疊式的紅色紙盒。「這是奶奶特別訂做的，讓大家一看包裝就知道是我們家的產品。」除易於辨識外，硬挺的紙盒還方便攜帶，使潤餅免於擠壓變形，且可稍加保溫，讓外帶的顧客能輕鬆提著走，設計十足人性化。為了做出自家特色，莊陳貴美女士方方面面皆下足苦心，不論料理還是相關業務，都積極參與及籌畫，經營店鋪的用心可見一斑。

若是不急著離開，店內還設置了座位，供客人慢慢享用美食。經常在店裡用餐、懂門道的老饕，還會舀上一碗清湯，就著潤餅食用。這個習慣源於顧客反應嘴乾，當時貼心的祖母收到反饋後便附上清湯，希望客人能吃得開心滿意，免費清湯就此成為店內的基本配置。其湯頭以大骨頭及腰內肉為底，並依季節調整，分別加入蘿蔔或筍子等配料熬製，口味清甜，配上大份量的潤餅飽腹感十足。許多顧客僅靠這項搭配便能解決一餐，經濟又實惠。因而不分時節，潤餅店一年四季都有不少老主顧光臨（如圖10-3）。

不過，生意穩定的潤餅店依然有高峰與低潮之分，清明節當天無庸置疑便是銷量的峰值。據悉，店家曾在清明節達成了銷售一千捲潤餅的紀錄！老闆表示：雖然清明節相當忙碌，但他們對食物的用心並不會因而減少。過去的清明節甚至會添加扁魚、冬筍等「隱藏版」食材，以作為限定的時令菜色。近年清明節的銷量依舊驚人，不過現代人口味改變，隱藏菜單中的兩樣傳統食物已不大出現在潤餅中了。雖然遺憾，但這也是時代變遷的一種見證。

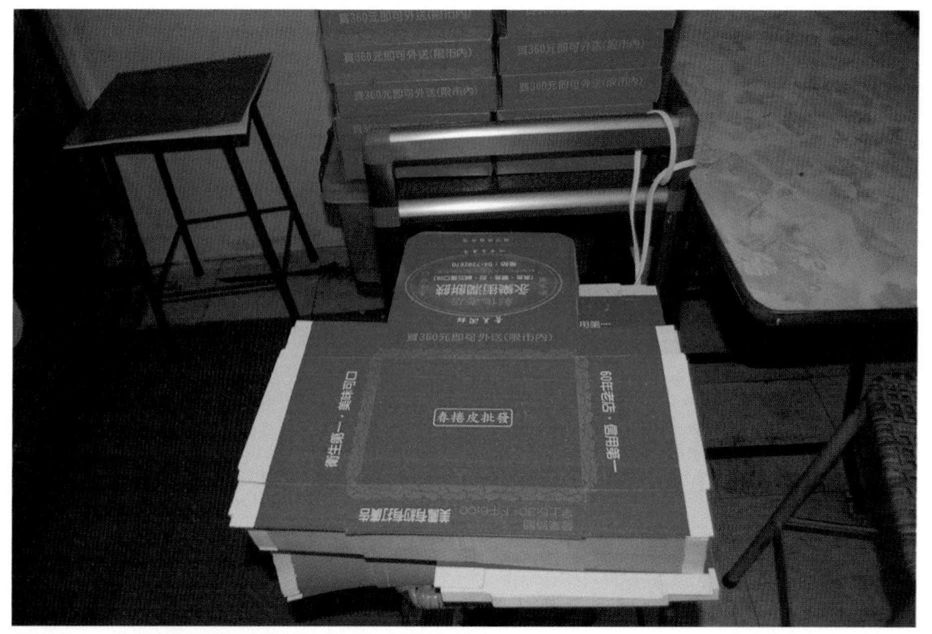

圖10-3　店家提供的折疊紙盒

四、入行修行——漫漫學藝路

現任老闆莊豐蔚自小便在祖母的店內幫忙，對潤餅店的相關業務並不陌生。但過去多是打雜及跑腿，年幼時甚少經手食材，更遑論烹調。原是作業員的他有一份固定工作，因而未曾考慮接手家族事業——直到一場車禍，徹底改變了他的人生軌跡。當時莊豐蔚因傷無法到崗，於是趁療傷之際重拾兒時「本業」，至祖母店內處理雜務。經過一段時間的觀察和浸潤，他逐漸對這間老店產生情感，也慢慢發現：自己和這代代相傳的產業已無法分割。「進來做後，就發現自己離不開了。你就是會自然而然地做下去。」此時莊豐蔚的父親，即貴美潤餅的第二代老闆已經逝世，家中無人接手生意。年邁的祖母正爲店鋪存續苦惱，見孫子將店內事務打理地井井有條，且逐漸步上軌道，便萌生培養接班人的念頭。因緣際會下，莊豐蔚便承接了擁有數十年歷史的潤餅店。

最初經手時，爲了還原祖母的口味，莊豐蔚可說是煞費苦心。「手的長度、大小跟手勢，都會影響包潤餅時的手感。所以我沒辦法完全模仿阿嬤，中間還必須自己摸索。」莊老闆笑言，不擅言辭的祖母奉行「身體力行」的教育方針及信條，時常在他面前備料及製作，並要求自己跟著做：「親自體驗才會懂，做就會了！」而自己就在祖母身旁邊看邊學、累積經驗，遇上問題時再向對方請益。

然而莊豐蔚明白：要想呈現傳統的好味道，僅僅「做」是不夠的。任何細微的偏差都可能影響最終的成果，除了手上工法外還得訓練味蕾，以辨別包出的潤餅是否正宗。很長一段時間，都不斷地在試做及試吃間反覆循環，只爲更接近記憶中的口味。經過無數次的練習及品嚐，莊豐蔚才掌握了祖母的手藝，得以至外場包裹、販售潤餅。和當年的祖母如出一轍：在刻苦磨練後，終於坐上了與食客面對面的位置（如圖10-4）。

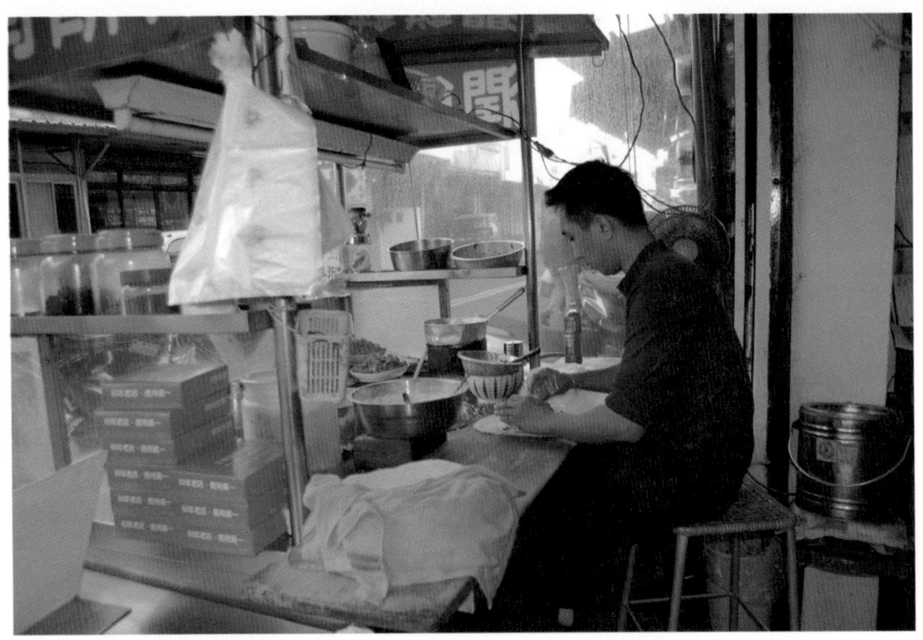
圖10-4　現任老闆莊豐蔚

五、接棒過後——傳承意識

自2007年接手至今，莊老闆已積累了十餘年的經歷，亦有一套自己的經營理念。他認爲：現在物資豐富、飲食文化多元，料理類別眾多，顧客的選擇更加多樣。且各式菜系殊異甚大，客層範圍將越來越小。在這波浪潮中，傳統產業勢必會受到一定衝擊。

「這就是老店常面臨的問題。」老闆莊豐蔚坦言：「有一段時間陷入低潮，阿嬤常會沮喪或懷疑是哪裡出了問題。我就跟她說觀念要改變，慢慢地她也會聽一些。」過去選擇有限，顧客在選定店家後，便進入被動狀態，造成「店家單方面供給，顧客單方面接受」的局面。但現今經濟富裕，顧客有更大的權力決定自己想要什麼。店家必須因應顧客的需求、傾聽顧客的聲音，才能讓客人再度光顧。因而貴美潤餅現在的購買模式如同手搖飲料：除了最基本的口味，客人還能自行選擇甜度及配料。如此一來，便在一定程度上避免口味不合的問題。

此外，「老店如何兼顧傳統與創新」也是老闆正在琢磨的課題。「目前我還是希望保留阿嬤的味道，不會有太顛覆性的改變。」他表示：即便需要創新，也得以傳統爲根基再行創造——意即保留原有的食材，開發新穎的品項。現今的夏季限定冰淇淋潤餅，便是因應潮流而生。「尊重傳統的同時做點微小的創新，就是我將來的方向。」

貴美潤餅經受了七十年的考驗。其中經歷人員換代、物價飛漲、飲食習慣改變等，街邊景色不斷變化，不少人來來去去，當中唯一不變的就是這古早味。莊豐蔚表明：自己想留存這屹立不搖的風味，讓這古早的味道能延續下去，並期許這間老店能再走過更多年歲。

貴美潤餅

聯 絡 人：莊豐蔚
地　　址：彰化縣彰化市永樂街231號
聯絡電話：(04)7282670
營業時間：週二至週日上午6點到下午6點，週一公休

孫漢寧　撰

四季良伴
彰化涼圓

相信提到彰化的代表美食，不少人的第一反應便是肉圓。肉圓無疑是彰化飲食中濃墨重彩的一筆：馥郁的醬汁、配料豐富的內餡，以及劃開外皮時冒出的蒸騰水氣，皆爲食客們留下了深厚的記憶。但許多人不知道：肉圓還有個顚覆的「姊妹作」，那便是彰化在地的特色小吃——涼圓。別於肉圓的濃郁厚重，涼圓清新爽滑、小巧玲瓏，可當正餐亦可作爲點心，是炎炎夏日的消暑涼品。涼圓涼爽甘甜的口味，以及大膽新奇的巧思，都替彰化小食增添了一抹亮色。

一、源起——家學淵源

位於民權路的「彰化涼圓」，便是一間製作涼圓的老店。現任老闆娘林永伶之父，即爲彰化涼圓的創始者林錡錤先生。最初，林錡錤先生以販賣花生糖維生。但花生糖的生意常因季節浮動，收入時有起伏。於是林先生決定開創副業、尋找出路。此時，他注意到了肉圓這樣極具代表性、又深受當地人喜愛的食物。但在觀察和分析後，發現肉圓市場已趨於飽和，若想長遠發展，必定得做出特色。苦思之下，他打算從改變既定印象著手，將熱食更換爲涼品，於是向朋友學習製作涼圓並開業。經過口耳相傳，「彰化涼圓」逐漸打開知名度。在事業步上軌道後，林錡錤先生決定擴張規模至南郭路展店，並將位於永樂街的攤位交予林永伶女士。而南郭路的店面，現由林錡錤先生的長子：林桐煌先生掌店。

二、夢寐以求的機緣巧合

在接手攤位後，林永伶與丈夫陳有情開啓了固定的經營模式：早上製作定量的涼圓，下午再將攤車推至定點販售。但攤商模式並不穩定，除了營業時間被壓縮外，生意亦時常受天氣影響，導致商品滯銷，甚至無法外出擺攤。老闆娘坦言：曾經遇上梅雨季，足足有一個星期受雨所限，不能做生意。因此，老闆認爲擺攤並非長久之計，一定需要一間屬於自己的店面，才有辦法心無旁鶩準備料理。那時恰逢永樂街整治街道，欲將攤商全面改換爲店舖，讓原本就動了念頭的兩人下定決心。老闆娘笑道：當時老闆相當積極地尋找店舖，密切關注附近的租屋訊息，推著攤車的路上仍不忘四處觀察。最終不負苦心人，某天老闆戲劇性地發現：自己早早便相中的店舖竟貼上了招租廣告！房屋的條件和狀況相當優越，且店面距離原址不遠，方便舊雨新知光顧及宣傳，堪稱夢中商舖。天時地利人和下，老闆夫婦才遷至現今的店面（如圖11-1）。

圖11-1　彰化涼圓店面

三、招牌沁涼小點——涼圓

看似小巧簡易的涼圓，實則製程繁複。店家每天清晨近五點便開始備料，該有的要求和程序一樣不能少，光購入原料便是一門學問。涼圓的內餡僅使用瘦肉：因肥肉的豐腴口感更適合熱食，若放涼會過於肥膩、無法下口。所以肉品採用上，店家選擇了筋膜較少又精實的後腿肉。此部位瘦肉占比多，且肉質偏硬與結實，切中涼圓清新不膩的訴求。若攤商提供的肉不符製作內餡的標準比例，店家便另行剔除肥肉，以確保餡料的品質。配料香菇，亦是經由老闆娘嚴格篩選。所有用料，皆經過店家層層把關。

製作涼圓的主要程序如下：番薯粉以冷水攪拌後過篩、加上溫水沖開，待粉半熟至呈褐色的透明糊狀後，便將其抹在碗碟底部、包入香菇及肉餡，再鋪上一層番薯糊，嚴實地包覆住餡料，隨後蒸炊。

其中，涼圓的成敗關鍵在於外皮：調製番薯漿時，水與番薯粉的比例得視原料狀況及氣候調整。因爲番薯漿極易受到質地和濕度影響，所以材料間沒有固定的比例，必須因應外界變化進行調配。且攪拌番薯漿時也需要一定的技巧，使外皮更有彈性，蒸熟後方能呈現漂亮的透明色。這當中勢必需要足夠的經驗，才能判定材料的情況，背後需要多少功夫不言而喻（如圖11-2）。

圖11-2　清涼爽口的涼圓

然而，將番薯糊送入蒸鍋後仍舊不能鬆懈。烹調的時間與火候必須掌握精確，若蒸得過久，番薯漿便會液化、無法固形。老闆娘透露，自己與老闆也是在長期實作中汲取經驗，最終才掌握了最佳的料理時間。因而如何把控外皮的品質，便成了首要課題。

其實就連盛裝涼圓的容器，也有一番講究：涼圓必須放入碗碟蒸熟、定型，若番薯粉和餡料過多容易膩味，導致比例失衡、失去涼圓清爽的特點，且烹調時長和火候會難以控制。因而碟子的大小及材質也需要篩選，如此才能做出份量適宜的粢餚。而父親創業時所用的陶製碟子是最恰當的尺寸，完成的大小最適合入口，所以碗碟的形制便沿用到現在。

蒸熟的涼圓呈半透明狀，待冷卻後再淋上白醬油及大蒜，清爽解膩。成品不僅滑嫩可口，同時也爲饕客帶來似果凍般清透且彈力十足的視覺效果，不愧爲夏日的解暑良方。

四、裹上兒時記憶的秋冬限定——花生糖

除了主打美食涼圓，店家的花生糖同樣令人見之難忘。秋冬限定的貢糖與花生糖爲店內一大特色，供應時間約於十一月到隔年二月，是不少人的春節零嘴首選——在這親友團聚的時刻，配上甜絲絲的點心，叫人嘴甜心也甜，爲春節這本就喜氣洋溢的節日添了些許溫暖甜蜜。店家提供了多樣口味，包括芝麻花生糖、芝麻糖、花生糖、花生貢糖、黑糖花生五種品項。

老闆娘表示：生產花生糖並不容易，其時間和物料成本皆不低，若持續投入對店家而言過於吃力，因而曾有一段時間停止供應。那麼，是什麼樣的契機，讓老闆娘決定重拾這項甜品呢？原來，一切都與老闆娘的家庭背景及經歷有關。

在父親的涼圓事業打出知名度前，花生糖爲林家的本業，過去是整個家庭的主要收入。這樣點心雖然小巧，卻曾供給一家溫飽，在老闆娘的兒時記憶中占有一席之地。林永伶回憶道：涼圓甫推出時接受的顧客並不多，緩衝期的生意仍靠花生糖支撐，可謂家裡的招牌。爾後涼圓大受好評，不必再靠多樣化經營來維持生計。且父親年歲增長，體力難以撐持花生糖的製程，這道可口的甜點極有可能在自家菜單上消失，讓老闆娘前所未有地痛心。「如果就這樣沒有了，那就太可惜了！」一邊老闆娘兀自煎熬，另一邊顧客也備感焦急：深感可惜的人不只老闆娘，許多相熟的街坊鄰居，都表示很喜歡店裡的花生糖。即便不在產期，依然會詢問花生糖的相關消息。經過再三思量，老闆娘認爲不管是擺攤還是店面時期，自己都蒙受老主顧和鄰里的照護。抱著回饋鄉親與傳承好味道的心態，夫妻倆決定繼續販售花生糖，讓大家品嚐最質樸的美味（如圖11-3）。

爲了完全體現花生糖的可口，老闆娘從選購起便下了極大工夫：店家特別向供貨商訂購最新送達的原料，以保障花生的新鮮度。且採買後仍需挑揀，從中選出顆粒飽滿的花生，確認花生的品相無虞再開始作業。至此，選材的流程才算結束。另外，爲了保障花生糖的風味以及

控管質量，商家堅決排除已加工的花生，也不使用現成的花生粉。從最原始的食材到最終成品，生產流程沒有一處假他人之手，全由店家包辦。包括洗芝麻、炒芝麻等瑣碎工作，也是店家獨自完成。雖然爲此多出不少工序，但老闆娘依然堅持到底：「自己看、自己做比較安心。」且店內的花生糖天然純粹，原料僅有花生及麥芽糖，並未添加多餘的香精及化工物（如圖11-4）。

圖11-3 店內的彰化市傳統特色小吃證明

老闆娘透露：在眾多人氣商品中，貢糖做工最爲複雜。其爲純手工製作，工序繁複且耗時費力。需將麥芽糖與花生一同壓實、整平，過程還要不斷地敲打，才能製作出少量的貢糖。且麥芽糖質地黏稠強韌，單單拉伸便是極大的工程。製作一次貢糖便需要一個上午的時間，且一批僅能產出二十餘盒。因投入時間過多，與產出不成比例，所以老闆娘

圖11-4　老闆夫婦合影

抱著「既然花了時間做，那便做到最好」的心態，對貢糖進行些許改良：原先的貢糖加了砂糖，且體積過大。於是店家根據時下年輕人的口味及飲食習慣進行改良，強調「健康無負擔」，不加額外的糖，令貢糖保留了原本的香氣，以最天然的方式呈現花生原味，使味道更加清爽。另外，老闆夫婦也改變了貢糖的大尺寸，改採精緻路線，研發了現今的「一口酥」。不僅方便入口，還連帶解決了掉碎屑的惱人問題。「這些都是我們觀察後，再結合客人建議做的變化。」

五、難以忘懷的在地滋味

老闆夫婦說，他們經常碰到專程至彰化購買涼圓和花生糖的顧客。其中多是至外地打拚的彰化遊子，每每回到家鄉，便會上門光顧，只爲再次品嚐從小吃到大的好味道。「很多人都是一年來一次。有些是清明節回來掃墓，有些是趁暑假帶小孩出來玩。大家都很熟悉，他們大概什麼時候來我也知道。有時候看時間，就能算出多久之後誰會來。」老闆娘笑稱已和許多顧客相熟，某些客人甚至從小吃到大，而她也知道這些顧客住在何處。然而，來這裡用餐的老鄉不僅止於此：「還有一個以前在彰化、現在住國外的老太太，過年前都會來我這裡拿好多花生糖，而且幾乎是每年都來。遇到這種客人，你眞的印象會很深刻。」

這些老主顧都令老闆娘十分感動，她也由衷感謝著長期以來給予支持的客人們。不過從另一角度思考，我們能從回頭客的「忠實」程度知道：彰化涼圓已成了具代表性的符號，其與當地文化、飲食勾連甚深，儼然爲在地人心中不可或缺的記憶（如圖11-5）。

圖11-5　店内的美食參展紀念留影

彰化涼圓

聯 絡 人：林桐煌

地　　址：彰化縣彰化市民權路49號

聯絡電話：(04)7259687

營業時間：週一至週日8點至18點

孫漢寧　撰

吳記大腸蚵仔麵線
用心在平凡的小吃中打造不平凡

午餐與晚餐時段的實踐路上，當一下課，路上便湧現熙來攘往的學生們，彰化師大的學生都稱這條路爲「便當街」，總能在飢餓的時候迅速的找到自己所愛的美食塡飽肚子，吳記大腸蚵仔麵線在便當街上算是非常新的店家，卻能吸引不少學生走進去品嚐，老闆原先先在中山路的三段，靠近原住民生活館的公車站牌旁開店，但後來因房東對房子另有規劃而遷移至實踐路上，反而比原先的地點吸引到更多學生用餐。

一、發掘平淡人生中的小吃滋味

談到當初開店的故事，趙老闆靦腆的微微笑說：「可是我的故事很普通耶！」，老闆表示在創業前當過多年的上班族，從事電子業的業務工作多年，但後來漸漸感到職業倦怠，也認爲上班終究是在替老闆打工，才動了心念要創業，而會加盟吳記大腸蚵仔麵線，是經由朋友的介紹，一開始認識了靠近彰化基督教醫院的分店老闆，因彰基店的老闆原先想頂讓出分店，但趙老闆談過後覺得對價格與地點，以及能見度和停車的方便性都不甚滿意，但在相談的過程中得知，當初彰基店的老闆是一位麵線糊達人，對麵線糊的口味頗有研究，在決定加盟吳記大腸蚵仔麵線前，已經先試吃過數十家的麵線糊，認爲這家的口味是最滿意的，這讓趙老闆印象深刻，感受到吳記大腸蚵仔麵線已經是歷經精挑細選的品牌，品質上有一定的保證，後來便直接找上臺中西屯總店加盟，在彰化市中山路三段開設了吳記大腸蚵仔麵線（如圖12-1）。

二、大腸與蚵仔，命中注定的結合？

著名的美食散文作家焦桐曾經撰文介紹過大腸蚵仔麵線，其實大腸蚵仔麵線是經過時代改變，融合臺灣特色所創造出的新型態小吃，焦桐在文中寫道：大腸蚵仔麵線早期叫「麵線羹」，或稱「麵線糊」，意謂

圖12-1　老闆趙賀鈞與店內菜色招牌合影

麵線如漿糊般黏稠。小時候，我在高雄吃的麵線糊多是蚵仔麵線；到了臺北，變成大腸麵線，物料不同，又顯南北的飲食差異。麵線易爛，雖曰麵線糊，仍須避免煮成漿糊，須糊而不爛，糊而不亂。好吃的麵線要滑，滑中猶挽留著些咬感。」，由此可見大腸蚵仔麵線是融合南北飲食特色與喜愛食材的新美食（如圖12-2、12-3）。

吳記的大腸蚵仔麵線在處理大腸的清洗跟烹煮都相當細心，不會有讓人害怕的腥臭味跟衛生問題，蚵仔也新鮮飽滿又大顆，麵線糊的勾芡不過重，吃起來相當的順口，有古早味的樸實口感，而最重要的是，趙老闆說他都盡可能的不添加味精，所以他們的麵線糊不會像一般坊間許多店家一樣，吃完後就開始口渴，焦桐也在散文中提及，其實麵線的美味關鍵在於羹湯，羹湯不佳，非強烈的調味料所能搶救。不添加過多味精與調味料的羹湯，品嚐起來更健康，對身體不會造成負擔。

圖12-2　蚵仔、大腸與麵線糊融合得恰到好處

圖12-3　大腸的醬色飽滿豐潤

吳記大腸蚵仔麵線除了主打的大腸蚵仔麵線以外，也是一家綜合型的小吃店，店中有碗粿、肉圓、肉粽、魯肉飯等……，趙老闆說這也是他當初選擇加盟這家品牌的原因，因爲他想讓客人有更多的選擇，即使今天不想吃麵線糊的人，也能找到一樣喜愛的小吃品嚐，在用料選材方面，大部份的原料都透過跟臺中西屯總店的中央廚房統一配送，品質絕對能使顧客放心。

魯肉飯也是臺灣最道地庶民的小吃，最初是臺灣先民在生活艱困時期，充分利用豬肉，將肉的碎末加醬油一起滷煮，成爲十分下飯的配料，而吳記的魯肉飯，肉的肥瘦剛剛好，吃得到軟嫩的油花，卻又不會過份油膩，滿滿的魯肉晶瑩的散佈在熱騰騰的白米飯上，撥的時候還要小心不要把魯肉掉到桌上了，既溫熱又有口感，雖是平民小吃，卻也最能吃到平實感動的滿足感（如圖12-4）。

而說到魯肉飯，近年在網路上也掀起魯肉飯的正名之亂，光是魯肉飯、滷肉飯、爌肉飯，就引起大家爭相的討論激辯，臺灣雖小，但南北的飲食習慣還是略有差異，這也跟早期先民的遷徙歷史有關，清領時期先有大批廣東、閩南的祖先飄洋過海來到臺灣，定居在中南部開發，1949年以後，又有來自中國大江南北各省的人，融合聚集在臺北市，也因此小小的地方，就匯集東西南北各省豐富的飲食風味，對於魯肉飯之謎？焦桐也曾撰文敘說：「北部人叫《齊民要術》即已記載滷製技法，到了清代《隨園食單》、《調鼎集》更有了滷汁的配方和滷製方法。」早期的人農忙，或從事費力的工事，所以早餐一定要吃得飽才有力氣工作，而現代人會想吃魯肉飯當早餐，則是基於熱愛美食和吃多了西式早餐，偶爾想換個口味的心情，魯肉飯像是臺灣人親切的好朋友一樣，從每日的早餐、午餐到晚餐，都可以陪伴著我們，有在地的情感，品嚐魯肉飯的同時，就像這一位好朋友在爲你鼓舞打氣，提供給你一天努力打拚工作的滿滿力氣。

圖12-4　魯肉飯的魯肉肥嫩卻不油膩

吳記的店中也有許多臺灣人所熟悉的湯品供大家選擇，像是香菇雞湯（如圖12-5）、蘿蔔排骨酥湯、四神湯、苦瓜排骨湯，如果說魯肉飯是大家強而有力的

圖12-5　有家庭般溫暖的香菇雞湯

朋友，那香菇雞湯就是療癒溫暖的母親吧！香菇雞湯所選用的雞肉，肉與骨頭的比例恰到好處，讓不愛啃骨頭的人也能吃得輕鬆滿足，香菇的選用也是老闆細心講究的地方，老闆提及他選用土香菇中的冬菇，因爲不好的香菇，口感與香氣都不佳，而冬菇卻有樸實的香氣，用心燉煮下呈現了美味甘醇的雞湯，每一口喝下都讓人溫暖舒服，尤其在寒冷的冬天，美味的香菇雞湯讓疲累睏乏的身體，注入溫熱的能量，即使原本沒精神的人，喝了雞湯後也會元氣十足呢！

蘿蔔排骨酥湯也是另一道屬於臺灣人道地傳統的好湯，排骨肉一樣經過細心的挑選，吃下去不會全是骨頭，耐心的熬煮讓排骨肉可說是入口即化，而湯頭也沒有因爲油蔥酥和排骨肉就顯得油膩，蘿蔔的清甜，再加一點香菜提味，讓湯喝起來清爽宜人，是屬於臺灣人熟悉的家庭美味。

苦瓜排骨湯選用的苦瓜，甘苦適中，有些人會害怕吃苦瓜，但吳記的苦瓜排骨湯不會過苦，要讓苦瓜不會過苦，自然有些處理的秘訣，可以讓苦瓜不苦卻又回甘，要先將苦瓜洗淨，注意清潔果瘤的間隙，然後用軟毛牙刷輕輕刷洗。清洗後將苦瓜泡水片刻，去除農藥，之後將苦瓜縱切，剖半。取一湯匙，將苦瓜籽及白色薄膜、棉體刮除乾淨，這就是主要的苦味來源，將苦瓜切成薄片，受熱更快速均勻。備一鍋滾水，加少許鹽巴，川燙之後將苦瓜撈起冰鎮後就準備完成，煮湯時添加小魚乾使得湯頭更加清甜，再加上原就細心挑選的排骨肉，每一口都能吃到飽足感和蔬果的營養，很符合注重健康均衡的現代人需求（如圖12-6）。

圖12-6　菜頭排骨酥湯，清甜又有飽足感

三、人生與美食，平凡與美味的細節

雖然趙老闆笑著說自己創業的故事很普通，但我細細的思索，臺灣小吃最令人驚奇的地方不就是總能以平凡的食物創造出美食奇蹟嗎？一杯珍珠奶茶，沒有高級的食材，卻能風靡全世界，甚至在10多年後仍然在日本掀起風潮，一碗麵線糊、魯肉飯、香菇雞湯，看似平凡無奇，但細心用心的處理每一項食材，背後所要付出的點滴心力，才是平凡中的偉大，因爲筆者自身曾到過這家店品嚐近20次，每一次到店中都發現桌子乾淨明亮，沒有小吃店常見的油膩感，用餐空間寬闊舒適，而最讓人稱讚的便是，店中可說是全品項的食物都相當好吃，正是因自身品嚐過那麼多次，嚐過各種菜色，才能眞心誠心的推薦，趙老闆創業的過程看似普通，但實際上卻是用心的注重店中的每一個細節，在訪問過程中他提到過去在電子業的工作經驗，給予客戶的產品，必須講究良好的品質，這讓我發覺，即使趙老闆由電子業轉到餐飲業，完全南轅北轍的兩個行業，但最重要的卻是工作的用心態度與精神，對品質與細節的要求是不變的道理，店中無論是食物還是客人用餐的舒適感，用心的做好每一個小事，就能成就令人豎起大拇指的大事，看似普通的創業過程，但經過的心路歷程，卻也是許多臺灣人都曾經歷過的心情，綿密的肉燥與熱騰騰的白飯，是熱切的心，香菇雞湯是冬日裡溫暖的心，過去吃的是因爲物資缺乏而臨機應變，善用僅有食材才發明的食物，是爲辛苦勞動所儲備的體力，現在吃的是富足與幸福，臺灣的小吃陪伴臺灣人度過貧苦的時代，度過經濟起飛、辛勤打拚的時代，再一起走到人人享受平民美食的現在，無論未來我們還會遇到這世界起了什麼變化，不變的是永遠有這些讓你我感動的小吃，提醒著我們，我們擁有平凡卻珍貴的幸福。

吳記大腸蚵仔麵線（彰師店）

聯 絡 人：趙賀鈞
地　　址：彰化市實踐路155號
聯絡電話：(04)7231115
營業時間：週一至週六　上午11點至下午8點

廖乙璇　撰

門庭若市的臺鳳素食

一、茹素人口增加

臺灣民間茹素的人愈來愈多，有些人雖然不是整天食素，也會在初一、十五或每天早晨都吃素。自小時候受我的阿嬷影響，會守著早上「食菜」的習慣（如圖13-1）。

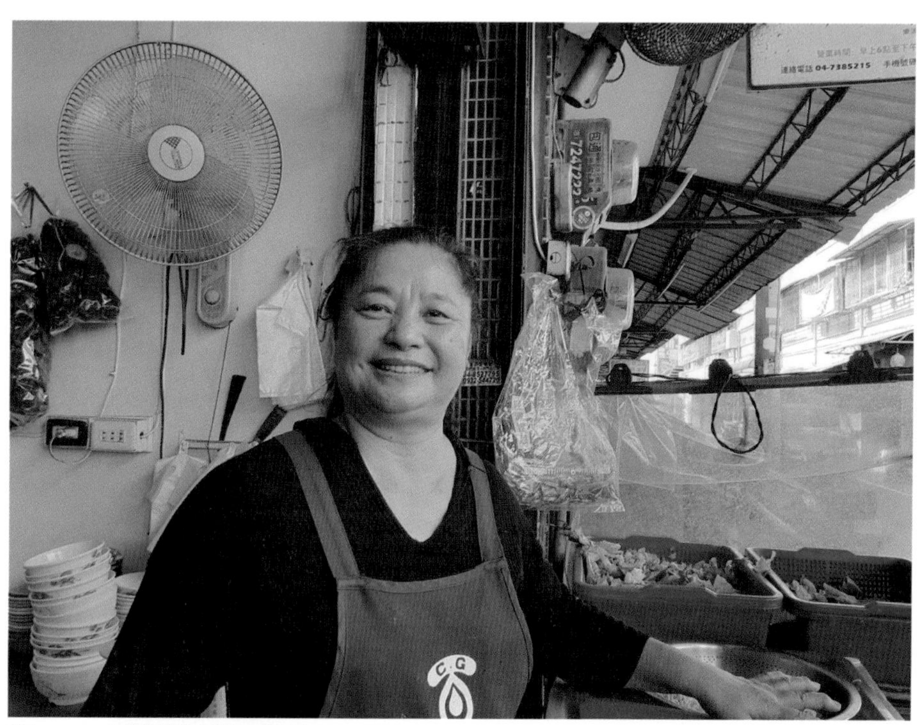

圖13-1　阿惠老闆與她的店

正餐飲食中，除了飯食以外，我們最常吃的大概就是各類的麵料理了。尤其在臺灣這個集各家美味、融合中西的美食國度裡，也產生出爲數不少的素食人口，眞令人讚嘆不已。

我很愛吃麵，記得小時候母親忙碌，沒辦法花很多時間做菜時，總是一鍋大滷麵、海鮮麵或大盤炒米粉，什麼料都有，她煮得迅速，我們則吃得高興。長大以後湯麵、乾麵各種麵食我幾乎來者不拒，不過，現在我不再等著別人煮給我吃，換成我來煮給大家吃，素食麵更是我的主打，但是自從認識臺鳳素食的阿惠老闆以後，看到、吃到的都是最優質的手藝烹調出來的美食，我再也不敢誇口說什麼是自己的主打煮食了。

臺鳳素食位於臺鳳社區內，臺鳳一帶形成一個小型的社區生活圈，工廠、住家都有，人口五千二百多人，社區內以聯興國小和主祀天上聖母的廣鳳宮最爲著名。

二、如願以償，心想事成

這一家素食店營業已有二十七年的歲月之久，位於彰化市臺鳳里一心東街九十號，是一家很有人情味的素食攤，由年六十歲的黃雪霞女士（小名阿惠）所經營。

經過一段時間有條理的策畫、採購、擺設，一切就續後就開始努力營業，起先店面沒有什麼特別的擺設，就以店家最裡面的一間房當做工作場地，凡是滷物之類的都是在那間（算是廚房）先滷好再端到前場賣，在店門口擺放一組不算大，但看似有點歲月痕跡的炸鍋，專門炸物。

桌椅、冰箱等必備的生財器具很多，但沒有掛招牌，而現在素食店高高掛的那塊看板是由大學時唸平面設計的兒子幫她設計的，很顯眼又大方，她很滿意，但是她並不知道圖案的意涵是什麼，還說：「兒子學會臺灣的割包（俗稱「虎咬豬」）之後，就跑到倫敦發光」，她也很安慰，但沒有特別說明爲什麼兒子會到國外發展，只說：「緣啦！」，可以理解她對佛教的虔誠信念，又說：「在兒子還未到倫敦發展之前，對素食店開張的大小事情協助良多，舉凡店內設備、食材的選購，還有素食的烹調等，他都參與其中，還能夠駕輕就熟的獨當一面掌廚。」有一次，我又跑到店裡光顧時，看到這家店的客人川流不息，十分熱鬧，也碰巧見到阿惠老闆的兒子，聽說剛從倫敦回來不久，看見他在爲客人煮食，她欣喜的介紹兒子給我認識，外表看起來年輕、帥氣，感覺不像是站在麵攤前為客人煮食的人，全家人對她開素食店的做法都非常支持。

三、健康·美味·養生

樂活人生自然清新現代人的新選擇

該店的顧客來源大多是臺鳳社區裡的居民，還有像我這種經過口耳相傳或朋友介紹來的也不算少數（如圖13-2）。因為素食攤事務繁鎖，另外雇用社區裡的兩名員工，也都被訓練得能夠勝任此工作，老闆阿惠常一個人在後面廚房裡做粿，門庭若市的店面攤位，就由該兩名員工掌廚且能得心應手。

圖13-2　店面招牌

四、包羅萬象的菜色及古樸的湯頭

目前店內的菜色可說是包羅萬象，大致可分成三大類，分別為：一、麵食類，如素乾麵、素湯麵、陽春乾麵、陽春湯麵、麻醬麵、粿仔湯、米粉湯、冬粉湯，二、湯品類，如綜合湯、豆包湯、豆皮湯、油豆腐、豆腐湯、紫菜湯、菜丸湯，三、小菜類，如酥炸三色捲、炸豆包、炸薯條、滷豆包（除了豆料，各自變化著筍子、香菇、紅蘿蔔等菜蔬點綴其中）、滷海帶、香嫩滷蛋等，除以上三類之外，逢年過節時，素粽、草仔粿、素蘿蔔糕、紅龜粿、油飯等，也都樣樣俱全，只要事先跟她預訂或者直接到店裡買，她都會很樂意的爲大家服務。

臺鳳素食的一大特色在那古樸和濃而不膩的湯頭，由各種根莖類蔬菜經過多時熬煮（包含白蘿蔔、紅蘿蔔、豆芽菜等），沒有任何調味料或配料的修飾，完全原汁原味爲主，所以吃起來特別的清新、爽口有飽足感，也符合現代人的營養要素，價錢也公道。

五、獨創的美味辣椒醬

平常愛吃麵的我，對乾麵的熱愛完全掌握了我的味蕾，一碗Q彈有勁的乾麵、一碗綜合湯，我總是這樣點著，當中的素肉角、素肉塊，都是老闆精心滷過，還有豆芽菜點綴在乾麵上，搭配阿惠自己獨創的美味辣椒醬（用鹽、糖、油、豆豉、菜脯、沙茶、辣椒混合揉拌並熱炒而成），辣椒醬不管拌乾麵、湯麵、或其它素食類，不僅口感好且適合顧客的口味，可以讓客人安心食用，也別有一番滋味，有時候想吃個點心的話，就單點來碗綜合湯（裡頭有一塊豆腐，大約三立方公分、一個素丸子和一塊凍豆腐），加上些許香菜，湯頭美味十足。

六、簡單到味的便當菜和比手掌大的薯片、芋頭片

約中午十一點時會有便當菜，像滷蛋、海帶、筍乾、各式豆干、豆雞、黑木耳等，都是一下子就賣光了。還有蔬菜捲外皮炸得酥酥的，而且裡面的料很多，有素肉片、筍絲、香菜，用豆皮捲得很大一捲，放到油鍋裡炸，高溫油炸過後，炸到酥黃再從油鍋裡取出，蔬菜捲特別之處，就是它很大一捲，炸過充滿濃濃的香味，比起豆包有過之而無不及。

有炸蔬菜捲就也會炸薯條、薯片、芋頭條、芋頭片，芋頭、番薯等，老闆很霸氣，不怕人家吃，每一片都比手掌還大，厚約一公分，有時候也炸饅頭，饅頭炸後聞起來有一股奶香味，這些「糒料」灑上梅粉或胡椒鹽，一口咬下讓口感更加豐富有層次，很受顧客喜愛（如圖13-3）。

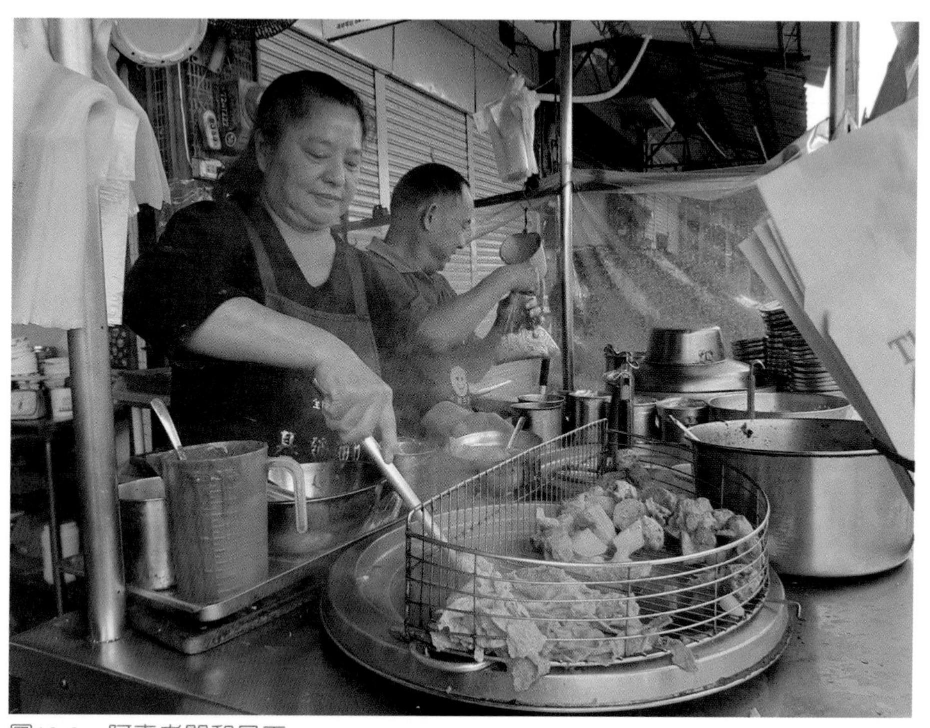

圖13-3　阿惠老闆和員工

阿惠老闆強調：「炸物所用的油，一定是當天第一次用油。」她還品質保證是優等的油，每次等到店打烊要收攤時，就會把炸過且剩下的油處理掉，不會留著明天又重複使用，可見她對食材的用心，往往炸完一鍋上來後，一下子又賣光光，那又得等上十幾分鐘後。

七、和氣能生財

每次來到店裡找阿惠老闆，她總是「歡頭喜面閣親切」，令我難以忘懷，俗語說：「忍氣求財，激氣相刣」比喻與人相處和氣能生財，這正是黃雪霞女士經營素食店的最佳寫照。

一頓餐不僅是熱量的補充，更是一場文化的薰陶，日常生活上吃什麼食物？何時用餐？食物以何種方式料理？從何而來？遵循什麼樣的烹調方法？每個細節都透露出一個地方特有的風格！

臺鳳素食

聯 絡 人：黃雪霞女士
地　　址：彰化市臺鳳里一心東街九十號
聯絡電話：(04)7385215、(0912)631630
營業時間：早上6點至下午1點週一固定公休每隔週連休兩天（週一、週二）

張文玲　撰

阿章肉圓
臺灣人最熟悉的古早味

肉圓是臺灣人的國民小吃，日本的動畫大師宮崎駿執導的《神隱少女》動畫紅遍全球，在電影一開頭時，女主角千尋的父親因未經店家同意而擅自吃了食物，後來受到懲罰變成了豬，在動畫的一幕中，讓千尋父親大快朵頤的美食，就有人指出軟Q圓潤的外皮加上咬下後流出湯汁的樣子，正是臺灣有名的肉圓，雖然後來大師宮崎駿未正式回應此事，但透過粉絲們的想像與傳播力，即使是美麗的誤會，也已經讓許多日本人透過這部動畫電影神作而知道肉圓是臺灣的美食。

一、肉圓的前世今生

肉圓分成兩大家族，一種是蒸的，一種是炸的。臺南是清蒸肉圓的天下，彰化肉圓則以油炸肉圓為主。說到彰化的著名小吃，很多人第一個肯定會想到肉圓，但你知道肉圓為什麼會開始成為彰化有名的小吃嗎？依據肉圓在地方文史上的記載，相傳彰化肉圓的歷史，要追溯到西元1898年的一次大水災，當時嚴重水災過後，造成物資缺乏，災民沒有食物可以吃。當時在北斗地區的寺廟擔任文筆生的范萬居先生將地瓜曬乾，磨成粉後揉成團狀，把甘薯搗成粉再加些糖，再煮熟給災民食用。後來又有人做了帶有鹹味的肉圓，逐漸發展成現今為人所熟知的肉圓。後來經過長期傳播、改進，就形成了今天人們所熟知的彰化肉圓。

作者圖文不符的臺灣常識集中也介紹了，肉圓最開始是以熱的肉圓為主，內容物有絞肉跟筍子等等，但隨著時間的過去，人們漸漸發明了吃「冷」的肉圓，為了口感上的搭配，才將配料改為瘦肉及香菇等比較爽口的內容物。店家也發現，清爽的涼圓在炎熱的夏天這種吃不下東西的時節最容易受到大家的歡迎，因此也就慢慢的廣為流傳，變成彰化的特殊名產了。一般人口中的彰化肉圓，全名應為「北彰化肉圓」。因廣爲人知，所以簡稱「彰化肉圓」。相對於北彰化肉圓，另有一派「南彰化肉圓」，以北斗鎮爲首，俗稱「北斗肉圓」。北斗肉圓接近三角形，個頭只有北彰化肉圓的一半。點一份，通常是兩粒或三粒，每粒平均價位臺幣十五。製作時，除了內餡，外皮也會加筍丁。

二、肉圓的戰國時代，外皮與內餡各有所長

在彰化市光是肉圓的店家就有10家左右，原是因爲物資缺乏所發明的食物，後來卻掀起戰國時代，彰化可說是肉圓的一級戰區，原本以豬肉爲主要內餡的肉圓，後來開始融入添加筍塊，香菇、豬肝、蛋黃、干貝、炸鴨蛋、鵪鶉蛋等不同口味，有店家因應現代人注重健康，而拿掉了豬肝跟鵪鶉蛋的配料，有的店家則開發出豪華版，加入干貝，一顆售價高達100元的肉圓，還有店家加入黑胡椒牛排，研發出創新吃法，也形成各家肉圓百花齊放、各具特色的現象，而澎湃的內餡自然是大家都愛的特點，至於外皮的口感，每個人所愛的就有不同了，有的標榜高溫油炸，將表皮炸得酥脆微黃，酥酥的外皮一口咬下後，流出美味的肉汁，豐富的口感與香氣令人大爲滿足，也有人喜愛低溫慢炸的肉圓，整顆肉圓溫熱、Q軟；有的人不吃油炸的食物，認爲對身體比較有負擔，溫軟的肉圓輕輕一咬，外皮就鬆開，吃到鮮脆的筍塊跟軟嫩的豬肉餡，滑順的口感，吃起來也相當舒服，如此形容下來，肉圓似乎像平民版的功夫料理，高溫油炸的酥脆肉圓如同內力深厚，一出招就氣勢十足的武林高手，而Q軟版的肉圓溫火慢催，像是飄逸於竹林間，柔軟無息卻能出招於無形間，使人驚嘆的神祕高人，酥脆版跟Q軟版的肉圓各有所長，卻是絕代雙驕，就憑喜愛的顧客如何選擇了。

而今天所要介紹的阿章肉圓位於鄰近彰化火車站旁的長安街上，帶點喧鬧，但冬日午後的陽光又溫柔的給予靜謐的氛圍，就如同阿章肉圓已走過的悠悠66年歲月。

阿章肉圓目前是由第二代經營，爲第一代邱炳章先生的小兒子夫婦與女兒，初代老闆邱炳章先生因幼年家貧，所以從小就學會十八般武藝的功夫，只爲了減輕家中的負擔，夏天時會用木箱裝著枝仔冰，到演出歌

仔戲與布袋戲的野臺旁兜售，有時遇到下雨，枝仔冰不但沒賣出還融化，一天的心血就泡湯，他也會推著攤車販賣花生糖等零食，展現早期臺灣人樂天知命的勤奮精神，二戰時期邱老先生曾以日本皇軍的身份前往菲律賓作戰，日本戰敗後，回到被戰爭肆虐後的臺灣，決定在老家創業。

起初創業時並不是以賣肉圓爲主業，最初的地點爲目前爲彰化素食的廚房，陸續曾開過黑白切、挫冰、麥芽糖、涼圓等等，後來是因肉圓的評價跟銷售成績不錯，才漸漸轉爲肉圓爲主業。於民國43年（西元1954年）時，以自己的名字取名，創立了阿章肉圓！

目前初代老闆夫婦已經都不在人世了，他們倆靠著肉圓店，努力了數十年，養活了7個子女，如今各自成家立業，在40多年的經營歲月中沒有發生什麼太動盪的事件，卻在小兒子接任的20年內，陸續發生了幾起臺灣的食安事件，不肖業者的問題直接或間接的影響到小吃自營商，阿章肉圓爲了讓客人放心，也自炸豬油來使用，相信他們的用心也經得起檢驗，但那陣子還是受到新聞風波影響，少了許多客人，不過正如同肉圓，雖外皮軟嫩卻又有紮實美味的內餡，阿章肉圓也禁得起考驗，挺過了食安風暴時期，如今依然用心的爲客人呈現傳統的好味道。

阿章肉圓的原料，內餡採用溫體豬，經由三民市場的豬肉攤販們，一刀一刀的切成合適的大小，保有口感的同時又可以在醃製時充分入味。而筍塊與香菇也是採用與上一代老闆合作許久的優質廠商們的產品。用來製作醬料的芝麻與花生，是向位於中正路上的莊連發購買，也是相當有信譽的老店。

製作肉圓要先將米漿放在模子中，再置入內餡，內餡是將豬肉、筍塊、香菇以手工的方式剁碎，再放置蒸籠內蒸上二十分鐘，上面再加點米漿，放置半個至一個鐘頭，蒸成型之後，待放涼再以花生油與豬油混合油炸，香又Q的肉圓就完成了（如圖14-1～14-3）。

如果是在寒冷的冬天，來上一碗肉圓跟貢丸湯，心與身體都瞬間被溫暖了。不但肉圓的皮軟嫩順口，一口咬下，熱騰騰的豬肉鮮嫩美味，搭配清脆的筍塊與古樸香氣的香菇，療癒了不少在地人與思鄉遊子的

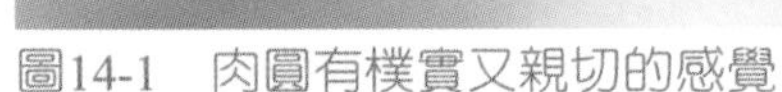
圖14-1　肉圓有樸實又親切的感覺

圖14-2　店內的蒜蓉醬也是一絕

胃，甚至就算沒有點貢丸湯，只要點上一碗肉圓，就會有附帶筍塊與蘿蔔的清湯，這是店家體貼的心意。

圖14-3　免費的清湯溫暖療癒

而說到肉圓的靈魂，當然不能不提到醬汁，阿章肉圓的醬汁，使用了花生與芝麻進行炒料製作，鹹香順口，醬汁中又帶有一點甜味，甜甜鹹鹹的滋味十足美好。《彰化小食記》的作者陳淑華則認爲「肉圓皮是一粒肉圓靈魂的所在，餡和淋醬則是它的骨肉」三者俱存才能成就一顆完整的肉圓。但不要忘記，吃完肉圓，把留存的濃郁醬汁，和入清淡的豆腐湯，一口喝下，「呷肉丸」儀式，才算禮成。這也許就是店家會貼心地送上一碗清湯的原因，也展現早期臺灣人珍惜食物的美德。

三、用心做，是我們最有自信的事

長安街上短短100公尺內聚集了三家肉圓店，其中也有近年因爲電影爆紅，每到假日就排隊人潮絡繹不絕的熱門肉圓店，阿章肉圓經營到今年已滿66年的歲月，在彰化地區絕對是老店中的老店，雖然較不在行於網路行銷這塊，做的主要是內行的在地客，但一路走來都以自信卻又謙卑的態度，專注在用心製作好吃的肉圓上，對自家產品也有絕對的自信，絕對是能讓客人一再回味的美味滋味。 阿章肉圓並不會自戀的說他們是史上最棒最優質的肉圓，但是他們希望客人吃完後，滋味能讓你一再回味，相信這樣的推薦，比起天花亂墜的形容更能讓人信服。

回顧阿章肉圓的66年歲月，第一代老闆邱炳章經歷戰亂歲月，展現老一輩人勤奮堅韌又樂天知命的精神，涓滴的汗水下開創了自己的事業，肉圓要好吃，內餡、外皮、醬汁缺一不可，也如同人生，毅力、努力、耐心也是重要的原料，要做出讓客人滿意的口味，需要不斷調整改進，食材原料也隨著時代一直在變化，以前不曾遇過的危機，也因時代轉變而面臨食安風暴，但人也如同肉圓，有柔軟的外皮，同時也有紮實的內餡，時代轉變了，遇到什麼問題，就跟著轉變，老一輩人能度過窮苦的年代，自有他們的智慧，而新一輩的現代人也要運用智慧去解決新的困難，人生的百種滋味不只展現在食物上，也在波瀾起伏的歲月中。（如圖14-4、圖14-5）

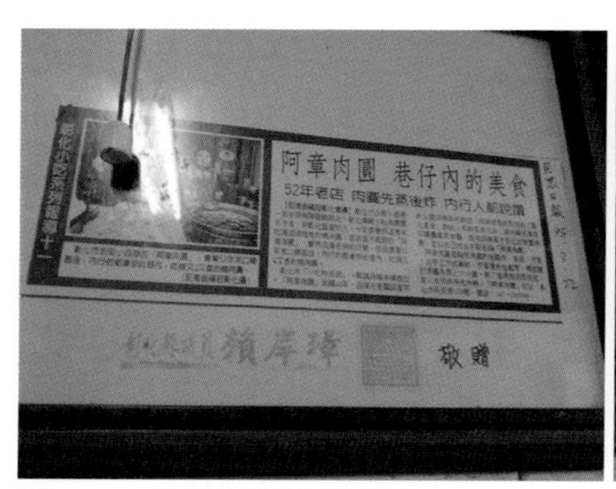

圖14-4　阿章肉圓的歷史悠遠

圖14-5　阿章肉圓也榮獲彰化縣市多項小吃特色獎

阿章肉圓

地　　址：彰化縣彰化市長安街128號
聯絡電話：(04)7250049
營業時間：週一至週日9點至21點

廖乙璇　撰

追太陽的人
堂記隱藏版美味驚喜

彰化給予人的印象是「臺灣的穀倉」、「農業大縣」，殊不知昔日因縱貫鐵路山線與海線交會於彰化市，曾交織出一段彰化市輝煌鼎盛的商業發展史，其中尤以「小西巷」更見繁華。

小西巷即昔時的北門街，現今的和平路1巷與陳稜路194巷，是臺灣早期與臺南的大市場、臺北的迪化街並立的三大成衣加工集中地之一。雖然小西巷商業鼎盛的風華不再，但今日附近發展成著名的美食商圈，靠著在地人舌尖上的記憶與旅人的味蕾，重塑彰化傳奇。網路上頗負盛名的堂記古早味糯米炸便位於小西美食商圈（如圖15-1），在長安

圖15-1　堂記古早味糯米炸位於彰化火車站附近

街與陳稜路口，和高調矗立的老担阿璋肉圓、阿璋肉圓及彰化肉圓各據一角，顯得靜默低調，卻仍是各家電視媒體、報章雜誌爭相報導的彰化傳統美食店家。除了聲名遠播的古早味糯米炸，店裡還有熟客才知道的隱藏版美食，藉著此文，帶領大家一探究竟。

一、老闆家族有來頭

老闆楊啓堂乃作家楊錦郁的堂哥，據《小西巷》中楊錦郁之考察記錄，楊家來臺開山先祖乃是生於雍正年間的鹽商楊景福。第二代先祖名喚楊泰山，曾是彰化知縣的師爺，也於艋舺布政司當過官員，他們出生的小西巷27號正是第二代先祖的別館。經過鴉片的摧殘，家道中落，曾祖父楊鳳色因童年時曾有過當少爺的好日子，講究飲食，靠著獨家的「手路菜」成爲名聲響亮的總鋪師，家族聲勢再起。祖父曾留學日本，原名燕清，自己改名楊接，曾開過診所，日治時期當過通譯、彰化中區書記、臺中州地租調查事務，光復後擔任彰化市西區區長、和平里里長、彰化市區民代表，歷經戰爭及國民政府的土地改革，原先擁有的二十幾甲土地成空。戰後，祖父自返日的日籍友人手中接手釣具行，交由楊老闆之父經營，加上叔父一輩於小西巷風光時期經營被服行、男裝店，再創家族經濟巓峰。

二、古早味傳統美食

二十幾年前，由於楊老闆對飲食的喜愛，由釣具轉賣古早味糯米炸，以老闆姓名楊啓堂之「堂」字起名「堂」記。純糯米磨漿脫水製成的「粿粞」，捏出適當大小，入油鍋炸、壓、再炸，撈起後裹上老闆細心過篩、依比例調勻之糖粉及花生粉，便成了彰化著名的古早味美食，這是老闆嘗試後，找出之美味製程及完美比例。趁熱食用，可享受到外皮酥中帶著微脆，內心Q軟中帶著空氣感的特殊口感，和著花生粉的香和糖粉的微甜，是令人停不了口的傳統零食。亦有愛好者獨愛原味不沾粉的糯米炸，食來便如皮酥心軟版的溫熱米果，不撒鹽竟自帶微微的香鹹。特殊的是，爽口不膩，完全吃不出炸物的油感。報章雜誌爭相報導，亦有電視媒體工作人員先匿名來店吃糯米炸（如圖15-2），肯定其特殊口味，主動與堂記聯繫約訪。作家九把刀的家正是斜對面的明功藥局，自是堂記古早味糯米炸的好顧客。

圖15-2　堂記古早味糯米炸皮酥心軟口味獨特

2017年5月20日由彰師大葉連鵬副教授策劃、彰化市公所主辦的「作家遊磺溪」書寫地誌文學活動中，糯米炸占據新詩一方、蟄伏散文一角，正是諸多作家難忘的彰化味。

繼糯米炸之後，由於湯圓與糯米炸材料同爲「粿粞」，便成了拓展產品之首選，加入老闆用心烹煮至綿密鬆軟的紅豆與花生，淋上親手熬煮的糖水，便成了冬夏皆受歡迎的圓仔湯。炎炎夏日來上一碗和著碎冰的圓仔湯，湯圓Q度更加提升，透心的涼意頓時消暑，不造成負擔的甜度，更顯健康；寒風凜凜的冬日，加了薑汁的熱圓仔湯正好暖心、暖胃，是對抗低溫的好選擇。

綿密的古早味豆花，原料是來自加拿大的非基改大豆，由老闆親自熬煮製作，與紅豆、花生、圓仔均可搭配。口味難以抉擇者，可學筆者直接點上一碗全部綜合之豆花，同時享受圓仔的Q、豆花的綿密與紅豆和花生的香共舞的豐富口感（如圖15-3）。

圖15-3　堂記古早味綜合豆花

日治時期彰化是日警口中「思想惡化之地」，爲臺灣非武力抗日的大本營、社會運動的起源地，一群文學界的有志之士，對臺灣人民進行思想啓迪，爲人民爭取應有之權益。有「彰化媽祖」之稱的臺灣新文學之父賴和，便有不少作品述及當時人民生活的樣態，其中以市井小民飲食入文之場景，更是生動描繪出日治時期彰化市的街頭景象：飲食攤販的對話嘆息、警民追逐躲藏的無奈。「賣圓仔湯的」和「賣豆花的」便多次出現在文章中，成了市井小民的代表，藉他們的口，道出人民生活之辛酸。物換星移，圓仔湯和豆花依舊是庶民喜愛的小食，慶幸的是，現時品嚐的是圓仔湯和豆花的美味，而非昔日讓臺灣人民吞嚥不下的委屈。

古早味飲品也是本店特色產品，梅子汁是老闆以特選大青梅，遵古法親手釀製後，加開水沖泡而成，微酸微甜的口感，是怕酸的客人都可接受的清爽選擇。中藥熬煮的青草茶，則是老闆自年輕時便經常飲用的飲品，甘醇濃郁，自有愛好的客群。曾有竹科的客人喝上癮，扛了滿滿一整個保溫袋冷凍的青草茶北上，思念所及，便一罐罐解凍飲之，甚是方便。

三、隱藏版驚喜

堂記每樣販售的產品，必經老闆的巧手。每次到店，總能看到閒不下來的老闆在店內一角忙碌著：有時是爲糖粉過篩、有時攪拌著一鍋豆香製做豆花（如圖15-4）、有時爲半成品的豆腐乳裝罐……，樂在其中。老闆娘漾起美麗的酒窩說道，楊老闆睡前總是滿腦子想著如何讓食物更好吃，這應該是他的天性。緣於楊老闆對飲食的偏好，只要是他有興趣的食物，必抱持研究精神鑽研，坦言，失敗了再嘗試新方法就好了，不夠美味，再調整比例、製程，直到自己滿意。楊老闆研發了多種商店招牌未羅列的隱藏版美食，除了常態性商品酒釀嫩豆腐乳，還有冬季限定的蘿蔔糕、臘肉，及不定時製作的特製乾魷魚、中藥香鹹鴨蛋，有意購買者，別忘了先去電聯繫才不會白跑一趟。

有位教授天然益生菌的老師無意中看到楊老闆以傳統工法製作豆腐乳，大喜，記錄下來當成上課題材。說明現在很少看到有人純手工製作豆腐乳了，在工業化學製程的豆腐乳產品當前，這種純手工製法相當難得。由於老闆總是抬著豆腐乳半成品追著太陽跑，被老闆娘喚作「追太陽的人」（如圖15-5、15-6）。楊老闆展示著他以純酒釀造的豆腐乳，得意的說，只要是傳統市集買來的豆腐，無論是板豆腐或嫩豆腐，他都能夠做出豆腐乳。由於豆腐乳熟成時間需要二個半月，且手工製作的量不多，

圖15-4　攪拌一鍋豆香

圖15-5　追太陽的人——楊啓堂

圖15-6　接受日光浴的豆腐乳半成品，切成花狀，曬得更徹底。

所以他獨家研發出不受梅雨季或颱風天影響，全年無休的安全釀製方式。熟門熟路的客人，買他特製的豆腐乳贈人，受贈者再循線到店購買者不少。客人中有位彰師大的教授便是愛好者之一，總是大量訂購贈人。使用嫩豆腐製作的豆腐乳，口感果眞細緻滑嫩，入口甘甜，是豆腐乳愛好者必當一嚐的好滋味。此項手藝乃老闆朋友之妻口述做法，楊老闆再改良的成果，當傳授者吃到楊老闆自製的成品時，驚嘆比自己做的豆腐乳更美味呢！

市面上的發泡魷魚總是缺乏乾魷魚的香氣，買來乾魷魚自行處理又缺乏經驗，只能簡單用水將之泡成客家小炒或魷魚蒜中的硬式魷魚。楊老闆動腦研究，開發出顧客可以自行在家簡單用清水泡發，又能保留住乾魷魚香氣和色澤的「特製乾魷魚」，這可是作家楊錦郁的最愛。快速川燙成涼拌菜、煮成魷魚羹，或是與鮮蔬快炒，都是很有特色的快速上桌菜餚。店內產品單上沒有列出，「巷仔內的」熟客才懂得下單。

「一斗米六十斤菜頭」的菜頭粿，每一口都吃得到滿滿的蘿蔔絲，煮湯、煎食各有特色。由於老闆每日工作量幾乎排滿，且菜頭粿製作費時，所以特別情商要求製作菜頭粿的朋友，總了解難處，會給個長期限，讓老闆慢慢安排時間完成。冬日盛產期的蘿蔔特別清甜，所製作的菜頭粿美味加倍，因之，這吸睛的特別產品，乃冬季限定，也需特別預訂才買得到。同樣是冬季限定的產品，還有適合於天氣乾冷時風乾的臘肉，有老闆特調的調味，是春節加菜的好選擇。

在中藥湯水中浸泡二個月，再水煮製成的中藥香鹹鴨蛋，蛋殼上有著淺淺的中藥浸泡色澤，細聞散發著淡淡的中藥香料香氣。剖半觀之，與一般鹹鴨蛋無異，食之，卻驚爲天人，入口溢著中藥香料香氣，適宜的鹹度，鬆香的蛋黃，與粥、飯均可巧搭。連平日對鹹鴨蛋一向敬謝不敏的筆者，在中藥香氣吸引下，忍不住直啖整個中藥香鹹鴨蛋。

另值得一提的是，店內令人眼睛一亮的書法布置，正是老闆娘的父親手寫之作。從未拜師習字的侯老先生，自幼寫得一手好字，應女兒之託，留下數幅作品，除了串連起父親對女兒的慈愛，與女兒對父親的思念外，更成了店內藝術一隅（如圖15-7）。

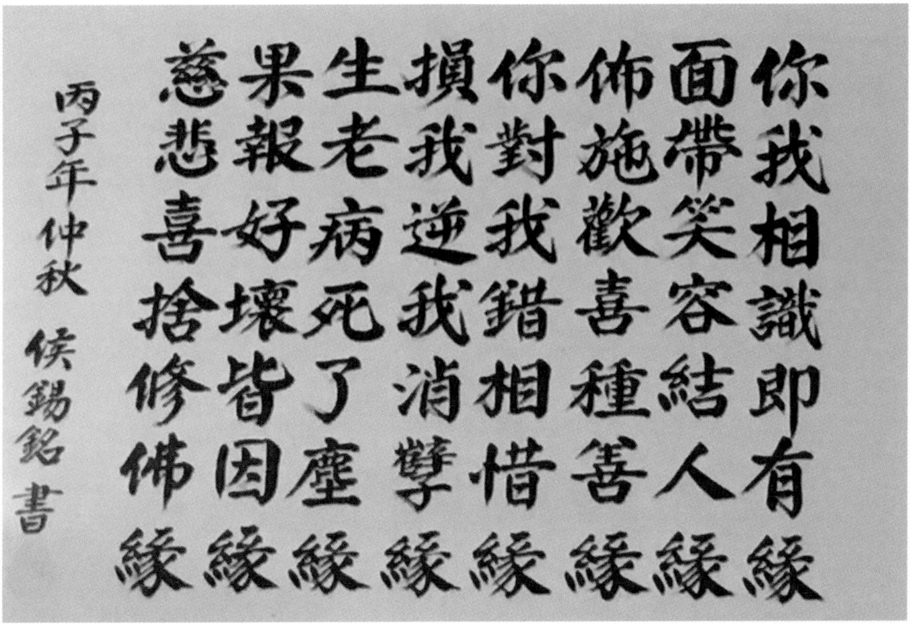

你我相識即有緣
面帶笑容結人緣
佈施歡喜種善緣
你對我錯相惜緣
損我逆我消孽緣
生老病死了塵緣
果報好壞皆因緣
慈悲喜捨修佛緣
丙子年仲秋　侯錫銘書

圖15-7　老闆娘父親的書法作品

四、後記

嚐一口糯米炸、飲一口梅子汁，望著店外往來的遊客，尋思一個紮根於彰化市區逾百年的大家庭，見證半線*起落，當賴和與友朋步入高賓閣時，是否行經楊家巷前？賣圓仔湯和賣豆花的，是否曾推著車穿梭於我們步行的道上？以詩入歌的美國民謠歌手巴布·狄倫曾說：「有些人能感受雨，而其他人就只是被淋濕。」如果，你是個旅人，在品嚐磺溪美食、遊覽名勝之際，別忘了，打開你的心扉，用心感受彰化深厚的文化底蘊，那將爲你帶來另類感動、豐富此行。

*註：彰化舊名半線，亦稱磺溪。

堂記古早味糯米炸

聯 絡 人：楊啓堂
地　　址：彰化市長安街146號
聯絡電話：(04)7227568
營業時間：（沒有固定店休）早上10點至晚上9點

何雅君　撰

過溝仔肉粽

一、該做的，就下定決心去做

造訪這一家向來以製作傳統古早味肉粽著稱的店家，得知阿貞嬸的先生呂春琳年輕的時候是做水電工程，那時水電工程接單量也不少，但是根據阿貞嬸的講述，因爲過去有很長一段時間，呂先生白天出門「做工課」（工作）到處去，但阿貞嬸完全無法知道他何時會下工，而下工之後人又會跑去哪裡「sip8兩杯」，常找不到他，「這件代誌予我足凝心的」，那時候孩子還小，家裡也有老的需要她照顧，所以對她來說，又得做生意又得照理家庭大大小小的事，時間久來，身體眞不能負荷這些壓力，她邊走邊講，不自覺就在步履之間定格，隨即跌入記憶的缸底，唉！她說那時候的生活情況，眞不堪回想，看她淚水從眼裡泛出，我愣住了，不敢再繼續探問下去。後來，因爲生意更繁忙，有時候自己一個人忙不過來，的確需要多一個人來幫忙，所以她跟先生商量，夫妻一起來做「油湯」的生意，俗語：「翁某若仝心，烏塗變成金」、「聽某喙，大富貴」，呂先生經過仔細考慮後，能夠體諒妻子的辛苦，聽從了她的建議，從此阿貞嬸徹底制約了他的生活模式，夫妻倆共同爲家庭而打拼（如圖16-1）。

二、沒有招牌

彰化市過溝仔市仔內有一攤販，雖然沒有招牌店名，但是只要說起過溝仔市仔內阿貞，附近是無人不知，無人不曉。在還沒有到鹿港做生意之前，她們除了以自家住處當成販售的地點外，還在過溝仔市場內擺攤，市場那塊有股東四十幾人的私人土地，聽說蓋市場沒賺錢，所以他們有意把那塊地改建大樓或者把地賣掉，就沒有繼續在那裡做生意，所有的攤販也都解散，各自另尋其他地方營業。

圖16-1　阿貞嬸跟她先生在家門前包肉粽

三、固定擺攤

平時購買人潮絡繹不絕，遠近馳名，更何況是逢年過節就無可言喻。顧客以家庭主婦、工廠訂購、機關團購、散戶等，舉凡一些老主顧更不在話下了，對這些熱心追求眞正好食物的主顧來說，已經吃習慣了她的做法。時令是食物臻於完美的關鍵，雖然一年之中的每個時刻，都是探索與體驗美食的好機會，但端午節不吃肉粽就稱不上過節，味美而香的肉粽已成爲日常生活小吃，但如果需求數量多的話，還是得預先訂購較保險，除了肉粽，還有油飯都可先預訂。呂春琳先生和大兒子每天在下午二點之後會固定到鹿港的中正路黃昏市場（鹿港國中旁邊）擺攤，此市場位於鹿港鎮與福興鄉交界，也就是鹿港國中側門和大興超市之間一大片私有地上的「傳統市集」了：大約有八年的時光，他們的生意也一直很穩定，當地顧客完全被阿貞嬸的美食給迷惑了。

四、「煠」肉粽

首先炒蔥頭要到比較偏遠的自家山上炒，大約二週要炒一次，帶回家後等涼了再分成一份一份的急速冷凍。因爲蔥頭炒起來香味濃烈嗆鼻，鄰居會投訴地方機關，有環保單位來了解狀況，阿貞嬸有些哀怨的說：「炒個蔥頭還得跑到大老遠的地方」，說著說著她還是繼續今天的工作。將蔥頭和長糯米先炒過，加其他的食材一起包好，再將包好的粽子放入水裡「煠」約一個小時後（如圖16-2），「煠」之後再放到蒸籠裡蒸，一定要有這兩道過程，才算是古早味肉粽的製作方法，這樣米不但會均勻熟透，而且特別有彈性，吃起來更具口感。

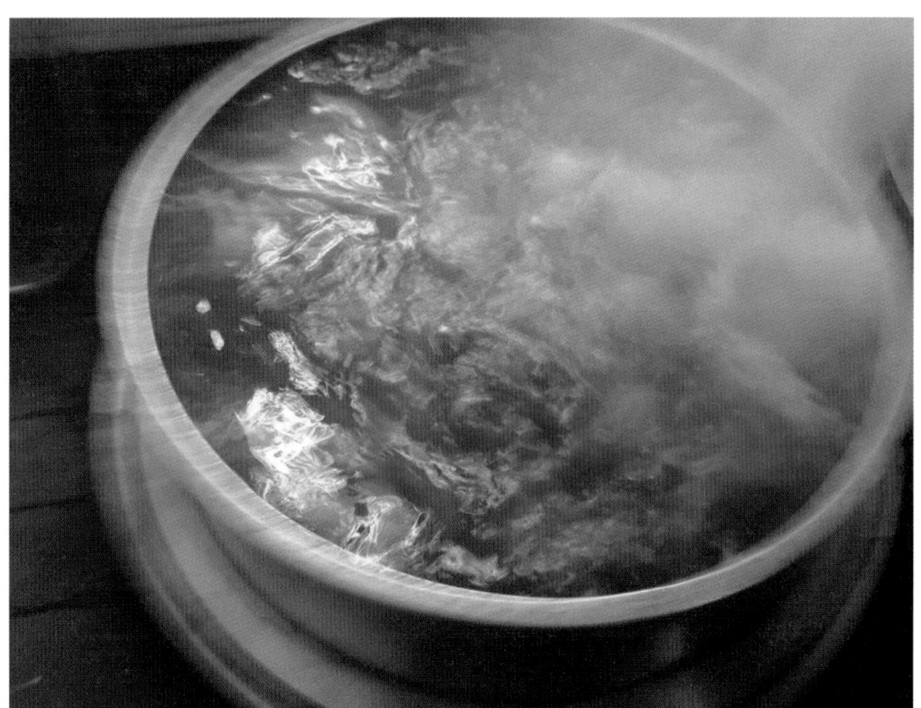

圖16-2　「煠」肉粽

五、肉粽內餡「無臭羶味」的三層肉

阿貞嬸的肉粽顯得特別突出是有半瘦半肥的黑豬肉（三層肉）爲主要食材，她說黑豬肉吃起來「無臭羶味」，浸醬油炒起來肉質更Q彈，還有加上蝦米、香菇、筍子（指定臺中大坑地區出產的麻竹筍，因當地氣候溫和、土質肥沃、肉質鮮美、纖維細嫩、味道清甜，加上紅土蛋黃（向草港唯一一家做紅土蛋黃的商家採購，品質保證、新鮮美味，因爲紅土需經殺菌、過篩，鹽與紅土的黃金比例影響每顆鴨蛋的風味，味佳質地均勻，油質香醇，口感溫潤），和長糯米（採用一年以上的舊米，最Q彈）。

六、擺盤上的「好采頭」

蘿蔔，臺語發音爲「菜頭」具有蘿蔔，臺語發音爲「菜頭」具有「好彩頭」寓意，蘿蔔糕的「糕」跟「高」同意，具有步步高升祝賀義涵，從運去到現在的臺灣社會裡，蘿蔔糕常作爲早餐食用外，過年時，更是年夜飯必備的要角，大家也喜歡把蘿蔔糕當作年菜之一，取其有步步高升之意，當時有錢人只吃純白的粿不加任何材料（是以純米製作的糕點），因過去資源匱乏，當時「米」是昂貴的食物，吃得起純米是經濟能力的象徵，沒錢才會放進蘿蔔等食材，與現在大家愛吃放香菇、蝦米、等風俗有所不同。傳統製作工法需要磨米漿，且將蘿蔔絲、水、少許冰糖、鹽放入鍋中較爲繁複，可是阿貞嬸依然秉持傳統的做法，蘿蔔悶煮至半透明狀態即可。菜頭粿的甜、紮實Q彈，香菇的香不間斷飄過，肉燥香把古早味的香氣補齊，白蘿蔔去皮切絲，蝦米以沙拉油爆香後，放進切碎的香菇與香腸，並加入鹽、胡椒拌炒蘿蔔以清水煮至熟透後撈起（煮水不要倒掉），趁熱與在來米粉拌勻，再混入蘿蔔與炒料灶上的「大鼎」加水煮至滾沸，將鋁製「籠床」置於「大鼎」上，接著平均倒入蘿蔔糕漿至八分滿，以大火蒸約三小時至熟取出即可。

七、油飯這樣做才會噴香好吃

從小就跟著母親在廚房打轉的阿貞嬸講述，油飯就是要越吃越香，第一口比第二口香，第二口比第三口香，一直到最後一口都是濃濃的香味越嚼越香，也有一定的Q度，教人吃了意猶未盡，下回還會想要再來買，幾十年的經驗在陳述中表露無遺。她一邊笑著一邊自信的說著做法，首先將蝦米、乾香菇洗淨切好備用，這兩種食材千萬不要像別人所說的先泡水，因為如果泡水就會把蝦米和香菇原有的香氣給洗掉就會影響食物的風味，這是她的做法特別的地方，備黑麻油、米酒、醬油、冰糖、五香粉少許，五花肉和肥肉切粗條，取炒好的紅蔥頭酥、蝦米、香菇和魷魚一起拌炒，等香氣十足，再下熟糯米拌炒收汁後，一起拌勻即可起鍋，光想，就令人垂涎三尺。雖然阿貞嬸追求最棒的味道是毫無止盡，且隨著技巧的熟練和歲月的淬鍊到可以隨心所欲創造出自己想要的味道後，還是會想要再創造出比較與眾不同的做法，她想要打造出一種乍看之下一樣，但實際上品嚐後，發現味道卻不同的阿貞嬸絕不妥協的風格，經過一番苦思後，所作出的結論就是「每次吃也吃不膩的油飯」（如圖16-3）。

圖16-3　與眾不同做法的油飯

八、王牌「菜糋」

鍋熱，緩緩滑入爲數不少的沙拉油，嗶嗶啵啵的聲音，好像一群舞者在鍋內跳著熱情森巴，阿貞嬸就坐在瓦斯爐旁邊，將「糋料」的食材有南瓜、鹹菜區級生、番薯、九層塔、芋頭、蔬菜等，裹粉攪拌後，放放已熱的油鍋中，炸得金黃酥脆，這看似簡單的動作，背後的學問可大著呢！曾經買了幾次「菜糋」回家吃，嚐一嚐眞的是香酥可口又不油膩，第一天沒吃完就把剩下的放入冰箱，隔天拿出來想用烤箱烤過再吃，竟然發現不需要烤過，吃起來口感還是酥酥脆脆的，感到很訝異。她一邊顧著鍋子，一邊述說著「糋」的過程，偶爾也起身動一下鍋鏟，然後又看著鍋子裡繼續跳著森巴的油，似乎在揣踱著鍋裡的油溫夠不夠或會不會太過火，很是老練的動作，當下整個屋子裡被熱騰騰的油香占據，很難形容那香氣，明知是油膩的，卻還滲出討喜的甜味，甜的感覺好像很熟悉但又形容不出來，就是在空氣裡面散發著（如圖16-4～16-6）。也許阿貞嬸會不斷地注意爐火大小與油的狀態，那都是紮實的功夫，不是當下的我得以窺知的細節。

圖16-4　菜糋

圖16-5　豆包

圖16-6　香酥可口菜脯

九、阿貞嬸「生命的夢想」

多年來她一直有一個夢想，除了到市場長期擺攤之外，希望兒子、孫子以後另外有一間房子，能固定繼續做生意並代代相傳。她說：「人進入老年會愈執著於一些年輕時期未完成的事情，可能是人生已然來到下半場，可以放手一搏的機會不多，如果再不及時實現夢想，恐怕……」，說到這裡，從她的表情裡可以看出她似乎有無限的感慨，雖然只是想追夢，卻是她「生命的夢想」。人生就是這樣，想要夢想能實現，就應該義無反顧地往前行進，那怕永遠無法完美，還是做了再多準備，也會有遺憾發生；但有一些事情則是你不做，才會遺憾終生。

過溝仔肉粽

聯 絡 人：蔡明貞（阿貞嬸）、呂春林
地　　址：彰化市新華里彰美路一段110巷33號
聯絡電話：(04)7278127
營業時間：早上11點到晚上8點（賣完為止）

張文玲　撰

療癒系黑頭碗粿

公車轉進彰化市區，在彰化市工作二十幾年的朋友熱心推薦她心目中的彰化市美食：天公壇素食味美價廉，是同事經常光顧的店家；孔廟前的意麵是網路名店，用餐時間總是大排長龍；黑頭碗粿中正店在博元婦產科對面，與華陽市場的黑頭碗粿同源，份量足，肉很紮實，口味佳，買十送一，隨碗粿附的菜脯如果沒用完，拿來煎菜脯蛋很香，不忘提醒我，通常中午一點左右就賣完了，記得事先打電話預訂……。

聞此，勾起我的幼時回憶。碗粿於我，有份特殊的情感，牽繫著勤儉的母親與我。小一時，母親牽著我，在校門口的攤車前，爲我點了碗粿，那應是我第一次外食早點。恬靜的母親表明那是讓我獨享的，便微笑的看著我滿足的吃著碗粿。食畢，步入校園，心中浮現家中餐桌上的白粥與醬瓜，那是母親與家人的早餐，溫暖與不捨同時在心中交織迴盪。那一碗淋上特調醬汁，灑上些許菜脯的白淨溫熱碗粿，代表的是母親與我獨處的時光，是母親疼愛我的記憶。

去年底，店門口熱鬧掛起「狂賀最強碗粿爭霸賽全國季軍」的布條，增添不少喜氣。現在，讓我們一探黑頭碗粿的源起與美味的秘密。

一、手作魂孕育黑頭碗粿

民國63年，第一代創業人許榮森、許黃雨也夫婦，因黑手生意日沒，另謀出路，賣起水煮玉米，然生意不佳。思忖彰化市區販賣碗粿者不多，轉而以老闆娘母親曾做給小孩吃的碗粿重新出發（如圖17-1）。身爲長女的老闆娘，於昔時協助中習得碗粿製作技藝，在母親味道的基礎上，輔以品嚐各家碗粿後，口味再求精進。熱愛烹飪的老闆娘，具有手作魂，每當參加喜宴歸來，便自己嘗試動手烹煮喜宴菜餚，練就的敏銳口感及手作技巧，在此時發揮得淋漓盡致。

嚴選已儲存一年半至二年且價位較高，並經農糧署認證之中部優質在來米，浸泡後，依水與米的黃金比例，磨成米漿，加熱水迅速攪拌，

圖17-1　第一代創業人夫婦與華陽店老闆夫婦於華陽店合照，左起華陽店老闆娘鍾宛燕、老闆許士昌、創業人許榮森、許黃雨也

爲粿體之原型。內餡以當日現宰溫體豬胛心肉，經獨家秘方調味醃製，搭配特選新社香菇或四分之一顆鹹蛋黃，製成二種各具風味的碗粿。顧客可指定或由店家隨機驚喜出餐。以醃肉汁爲底的獨家研發醬汁，獲顧客好評，是老闆娘的巧思與驕傲，當日一早現煮，新鮮供應。一同淋上豬油紅蔥煨煮的肉燥、配上豬油拌炒過的菜脯及蒜泥，用心熬製搭配的醬料，與碗粿形成豐富層次的口感，是碗粿口味升級的秘密武器，更是黑頭碗粿的特色，獲得廣大顧客喜愛的黑頭碗粿於焉成形（如圖17-2）。

日治前，臺灣人喜食在來米，將久儲的在來米磨漿蒸煮，便成了家常小食碗粿，屬米食料理的變化，是先民勤儉性格及智慧創意的呈現。一說碗粿源於福建、閩南地區，於廣東亦有之，以先民自唐山渡海來臺的軌跡看來，碗粿很可能是早期移民自原鄉帶來的家鄉味，於臺灣發展成全民小吃，然各家風味不同。光是粿體口感的成敗，從原料的選取、米漿濃稠度的掌握、蒸煮時間、火候控制……無一不是經驗與技術的累積。

在碗粿販售四、五年後，老闆娘再度加入娘家的料理——米糕（如圖17-3）。仔細清洗的長糯米，經翻面再蒸，確保米糕熟度一致，復以和時間賽跑的速度，拌進自家調配的滷汁，成爲軟中帶Q的米糕，模子底部鋪上肉絲，覆上米糕蒸之。食用前倒扣米糕，淋上豬油紅蔥肉燥與醬

圖17-2　獨家研發的醬汁是黑頭碗粿的特色，豐富的醬汁需挖出近一半的碗粿才裝得下！

圖17-3　米糕與餛飩湯亦是人氣商品

汁，香氣再加分。這項黑頭碗粿的人氣商品之一——米糕，早在九百多年前，北宋大文豪美食家蘇東坡筆下，已為之記上一筆，當時稱之「盤游飯」，《仇池筆記・盤游飯骨董羹》中謂：「江南人好作盤游飯，鮓脯鱠炙無不有，埋在飯中。里諺曰『掘得窖子』。」在陳淑華的《彰化小食記》裡，肉羹、米糕、燉露是政權交替、經濟起伏下，從辦桌佳餚中轉變而來的縮小版辦桌菜，少了豪氣高檔的食材，卻是庶民負擔得起、享受得到的新奇與滿足。

陸續加入的產品中，自己研發的餛飩口味是老闆娘的另一項驕傲。在半肥半瘦的胛心肉中，混以青蔥末及胡椒粉，濃淡適中的口味不壓青蔥的香，青蔥亦不搶肉丸的鮮，均衡於口中奏起食物的奏鳴曲。曾經有小客人一嚐，難忘此味，自此餛飩非黑頭的不食。大骨熬煮的湯頭以日本頂極調味料調味，中正店因應冬夏之異，另佐以蘿蔔或筍子一同熬煮，是令人安心的美味湯品。

無名的碗粿小攤原於六信路邊，後來轉至舊市場外旭光路旁，待華陽市場改建後，才有了自己的攤位。數年前，經濟部補助規劃製作市場內攤位看板，才以第一代創業人許榮森先生幼年的綽號「黑頭」起名「黑頭碗粿」。

老闆娘回憶年輕時，晚上一邊製作碗粿，一邊看著孩子們在一旁寫作業，乖巧的孩子們假日捨棄遊玩，到攤位幫忙。這又熱又累的工作，不捨孩子接手，老闆趕著孩子出外闖盪見見世面。但老闆娘身體出了狀況後，一度想收起攤位，結束營業，在老顧客的不捨聲中，小兒子耘溁及大兒子士昌先後自臺北返家協助，這古早味手作碗粿的好味道終得傳承。

二、第二代承繼好手藝

2016年耘溁至中正路展店，將傳統好滋味帶出傳統市集，讓更多人得以品嚐。展店之初，因無法根絕蟑螂問題，耘溁老闆毅然決定大手筆拆除前租客留下的木板裝潢，重新整頓，給顧客一個衛生安心的用餐環境。有次廠商錯將所訂的米送成新米，導致整批碗粿太軟失去口感，對產品品質要求甚高的老闆，跟顧客說明後，免費贈予不介意的來店顧客。

秐滐老闆對由父母傳承來的傳統小吃工作充滿熱衷與熱情，看著備料時，鍋內輕舞般跳動的豬油，名之「療癒系豬油」（如圖17-4）。「物如其人」，一個能在手作過程中感受療癒之人，必將熱忱傾注食材，由產品展現療癒的生命力。老顧客肯定他們第二代製作的產品，完全承繼了父母的好手藝，聽到顧客對產品的讚美，令他開心，因爲沒讓支持的顧客失望。老闆娘傳下的「笑嘻嘻哲學」更是華陽店與中正店共同的特色。

圖17-4　秐滐老闆烹煮療癒系豬油（照片由葉庭綺提供）

他也藉由臉書和年輕世代交流；年輕老闆娘更設計了以秐滐老闆爲原型，散發自信、認眞與堅持的Q版黑頭碗粿Logo（如圖17-5）；店內

圖17-5　庭綺老闆娘設計的黑頭碗粿Q版Logo以耘滐老闆為原型（取自臉書）

佈置明亮清爽，耶誕節將至，販賣傳統美食的店裡，有了溫馨歡樂的耶誕佈置；黑色圍裙上以明亮的黃線繡著「黑頭碗粿」，展現了陽光和希望……，在經營手法上，加入諸多年輕因素，吸引更多年輕人享受傳統美食。也期望未來能將黑頭的好味道，拓展至全臺各地。

2018年農糧署舉辦第一屆「臺灣第一碗──最強碗粿爭霸賽」，初賽後，黑頭碗粿取得代表中區出賽之參賽權。決賽時，將當天清晨在飯店泡好的米及準備好的材料帶至比賽場地，在現場煨煮肉燥、醬汁，克服出賽場地的限制，由磨米製起，二小時內成品蒸好出爐。在全臺強店高手環伺下，勇奪第三名佳績，能以父母傳承下來的好味道奪獎，耘滐老闆心存感激與驕傲（如圖 17-6）。而出發北上參賽的前一晚，第一代老闆娘已夢見黑頭碗粿奪得第三名，庭綺老闆娘口述此事時，仍覺得很不可思議！

圖17-6　中正店老闆許耘滐與老闆娘葉庭綺

看著自己支持的店家榮獲農糧署第一屆「臺灣第一碗——最強碗粿爭霸賽」全國第三名的肯定，彷彿也肯定了自己的味蕾。傳承了四十幾年的美味小吃，爲「臺灣史蹟百科活字典」林衡道先生筆下背書的「傳統飲食亦聞名於全臺」的彰化市，在全國賽中，留下了一席，成了彰化之光。

賽後除了銷售量突破以往紀錄外，更有位顧客表示，在美國看到節目介紹黑頭碗粿，喚起幼年時傳統碗粿的記憶。食後表示，黑頭手作古早味碗粿實在好吃，勾起了他小時候記憶中的味道。亦有幼時與父母品嚐黑頭碗粿的顧客，長大後帶著自己的小孩自外返鄉，光臨黑頭碗粿，與下一代一同品嚐故鄉的好滋味，療癒遊子思鄉之情。

三、療癒系碗粿　淡妝濃抹總相宜

雖說醬汁是碗粿的靈魂，但偶然機會下，吃到完全無醬汁的黑頭碗粿，粿體白嫩Q彈，入口淡淡米香搭配醃製入味的肉丸，或融和著新社香菇的香氣，或交融著鹹蛋黃的沙香口感，宛若素顏少女嫣然回眸，清新中自有韻味。感動中，不禁對這極簡投以淺笑，原來，妳亦如西子，淡妝濃抹總相宜。

四、後記

結束訪談返家，在廚房品嚐完外帶的米糕，聞著盒底散發出來的療癒系豬油香氣，彷彿看到一位在工作中感受療癒、眞心喜愛傳統美食、熱愛工作的老闆，用心手作療癒系產品的身影。環顧廚房，家常的食材、臺灣大廠老牌醬油、日系調味品俱足，欠缺的，除了黑頭的技術，還有療癒系的熱情吧！突然，想念起碗粿，想念與母親獨處的美好記憶，伴著黑頭釋放的療癒。

黑頭碗粿

聯 絡 人：
華陽店：許士昌
地　　址：華陽市場68、69號攤位
聯絡電話：(0921)722881、(0921)312387
中正店：許耘滐
地　　址：彰化市中正路一段393號
聯絡電話：(04)7282526、(0921)901014
營業時間：早上7點至售完為止，週一週二固定店休，其他依公告

何雅君　撰

飄香近一甲子的好味道
魯穀香牛肉麵

「魯穀香牛肉麵」是陪伴許多彰化人成長的家傳牛肉麵。

一、緣起

記得第一次接觸「魯穀香牛肉麵」是主管請客，帶我們到他從小吃到大的麵食館。從外觀看就是普通的牛肉麵店，但是一經主管介紹，我才知道這家麵店歷史悠久，進入店裡，店內也貼著創店由來的介紹（如圖18-1）。我是一個麵食主義者，對於麵食非常講究，我知道吃麵食除了麵條以外，最重要的便是湯頭，當老闆娘把牛肉麵端上桌來，我喝了一口湯便被湯頭所震撼，「魯穀香」的牛肉麵湯頭濃郁，麵條Q彈有嚼勁，正是因爲如此，才深獲不少老饕好評。

圖18-1　魯穀香創店故事牆

二、歷經波折的創業之路

自開始販賣牛肉麵以來，至今已經傳承二代（現任老闆的叔公梁德俊，梁德俊先生擅長製作山東點心火燒、饅頭，教授一代梁其升先生如何擀製麵糰、製作饅頭，第二代則是目前的梁老闆，梁孝元經營。）（如圖18-2），中間面臨商店轉型，自轉型爲牛肉麵至今，也有兩代的歷史，目前由梁孝元先生繼承。

圖18-2　初代老闆梁其升

原本店址位於八卦山上，但因政府要蓋體育館，所以原本的平房必須拆遷，於是，一家人便從山上移到山下來開店。最早在山上時，以販賣饅頭爲主，搬遷後，爲養家糊口，梁其升先生決定改販售麵食，找來認識的一位賣牛肉的大哥合夥，於是，決定把麵與牛肉做結合，販賣牛肉麵。剛開始在南郭路那裡販賣的比較簡單，麵類有牛肉麵、木須麵等簡單的麵食，而主要銷售商品則是水餃。

在南郭路時，梁其升夫婦因經歷喪子之痛，因此決定離開傷心地，搬遷到彰南路上。民國83年搬遷到彰南路後，除了原本販賣的牛肉麵、水餃以外，開發了新產品「抓餅」，這項商品即使到了現在也頗受好評。921大地震那年，經濟開始蕭條，原本在順德工廠上班的女婿，受到影響，梁其升夫婦考量到女兒夫妻倆還要養育兩名小孩，便決定把彰南店轉讓給女兒和女婿共同經營，一家人則另覓新址經營。

三、「魯穀香」命名緣由

「魯穀香」最初店名是「老山東」，直接以梁其升先生老家「山東」地名來命名。17年前搬遷到現在的地址後，兒子梁孝元和其妻子反應「老山東」這名字太過普遍，怕與其他店家混淆，於是決定改名。梁孝元先生的妻子來自於中國大陸，提出可將山東改爲魯（山東簡稱魯），又因梁其升先生擀製的麵條在食用時會散發出穀子的香氣，因此命名「魯穀香」。

初代老闆娘回想起剛創業的時候（如圖18-3），因爲是白手起家，靠著夫婦二人辛苦撐起這家店，還要照顧孩子，早晚接送上下學、補習班等等，一整天下來，都忙到10點過去了，雖然剛開始很辛苦，但是爲了小孩，還是努力過來。除了孩子以外，家裡還有一個婆婆（婆婆也是從大陸過來，裹著三寸金蓮的小腳，雖然腳小小的，但是並不會造成行動不便）要照料，過程雖然艱辛也已經熬過來。

圖18-3　初代老闆娘

四、深厚的製麵功夫與堅持

「魯穀香」的各類麵食都是梁其升先生親自製作，目前已經高齡87歲的他，雖滿頭白髮，但仍堅持親自製作麵條、麵皮，讓人無法想像一個年紀這麼大的老先生竟還有著這麼大的力氣，梁老闆說：「別看爺爺這個樣子，其實他一直都在鍛鍊自己，爲了擀出美味好吃的麵條。」我們知道，麵條要做得Q彈有嚼勁，若沒深厚的功夫底子是無法造就出美味的麵條的，何況，「魯穀香」的麵條種類還不只一種。

開始販賣牛肉麵至今，使用的醬料都不曾改變過，醬油一定要使用「味王婦友」醬油，醬油膏則是選購西螺的「大同醬油膏」玻璃瓶裝。初代老闆娘說：「外面使用的醬油啦，醬油膏啊，都是一次買很大一桶，我們不會，我們都是買最好的，小小一瓶的。」

一般市售的牛肉麵，都會擺放酸菜供客人自行取用，但「魯穀香」的酸菜則是店家端上桌前便會幫你添加少許，而這酸菜的顏色也與其他店家的不同，初代老闆娘說：「外面吃的那些酸菜啊，都是有加過色素的，我們選用的酸菜，是有特地在市場挑選過的，吃起來的跟其他地方的一定不一樣。」我覺得除了這個以外，有時候牛肉麵添加了太多的酸菜，反而會搶了主角的風采，像這樣少許的酸菜反而更能襯托出牛肉麵的香氣，也不會把湯頭破壞掉。

有些牛肉麵店的牛肉，吃起來容易卡牙縫，或是筋太多咬不斷，這跟滷牛肉的功夫也有相關（如圖18-4）。「魯穀香」的牛肉每每都要滷半天以上，滷過的牛肉還要再細細挑選、分類，等冷卻以後再把一部份冰到冰箱，確保牛肉維持新鮮。「魯穀香」的牛肉吃起來軟嫩順口，就連難咬的筋也入口即化，一放到嘴巴不須過多咀嚼即可下肚。

五、來自老闆娘的眞心推薦

老闆娘大力推薦的水餃讓人吃過就忘不了，厚實有嚼勁的麵皮，包裹著經過精挑細選的牛肉與豬肉，一口咬下，麵皮與肉品在嘴裡互相交錯，演奏起美妙的交響樂章。帶點筋的牛肉水餃、細嫩多汁的豬肉水

圖18-4　剛滷好的滷牛肉

餃、散發濃厚香氣的韭菜水餃，豐富多樣，難怪許多老顧客來店都必點水餃（如圖18-5～18-8）。

六、青出於藍勝於藍

第二代的梁孝元先生，原本在彰化市農會大樓裡的保險公司任保險業務員，看著父親年紀漸漸大了，心想要承接父親的手藝，而且自己已經成家立業，有所責任，必須要照顧妻小，於是辭去了業務員一職，回到家裡幫忙經營牛肉麵。初代老闆娘回想當時兒子擔任業務員時，時

圖18-5　水餃

圖18-6　豬肉水餃

圖18-7　牛肉水餃

圖18-8　韭菜水餃

常要忙到很晚，甚至比夫婦二人販賣牛肉麵還要晚，深深理解兒子的辛勞，當兒子要回來承接牛肉麵店的想法自然能夠理解。

梁孝元先生接任後，年輕人比較有想法、有創意，把牛肉麵店經營得比梁其升先生夫婦倆還要出色，來客數遠比初代經營時還要來得多，這讓老闆娘提到兒子卓越的成就時，掩不住歡喜的面容，大大稱讚。

「魯穀香」的麵條完全都是手工製作，二代的梁孝元要接任，當然也得學習怎麼擀麵、拉麵、壓麵，所幸自幼便出入牛肉麵店，放學回家或是假日都要學著幫忙，這一點在第三代也是如此。梁老闆的孩子放假也是要在店裡頭幫忙，即便不需要學習製麵，但是基本品名以及各種麵類也要了解（如圖18-9、圖18-10）。

圖18-9　粗麵條

圖18-10　細麵條

學習製麵最大的困難點就是麵粉和水量的比例與掌控，梁其升先生製麵多年，已經練就不需要磅秤，順手一抓，即知道比例應該如何搭配，包括季節變化的天氣冷熱、空氣中的濕度對麵帶來的影響，都是製麵的關鍵。梁孝元花費了兩年多的時間，在失敗中不斷累積經驗，以及兒時的記憶，才終於學會了製麵功夫，對自己父親累積多年的功夫深感敬佩。而爲了講求精緻化，梁孝元還制定了製麵SOP，將各種比例搭配數字化，爲求每日生產品質達到一致，不會有太多出入，製麵、煮麵都要按照流程進行，日後，若是有人要學習也能參照這SOP來學習。

七、對未來的期許

提到對「魯穀香」未來的期許，梁老闆靦腆的說：「當然，我們希望這家店能夠永續經營下去，能夠來長久經營。」梁老闆也提到，自己並不會勉強孩子一定要繼承這家店，畢竟，孩子都會有自己的想法，現在還是希望他們能夠多以課業爲重，也許10年、20年，甚至30年後他們想接了，那也是到時候的事情。現在就是利用假日讓他們來熟悉店內環境，學著端盤子、煮麵、煎東西、切菜等等，若是眞的想接了，也不會說完全不了解、不熟悉（如圖18-11）。

當初剛回來承接時，也遇到不少困難，好比客人點的食物做錯，

圖18-11　二代老闆梁孝元

又或是讓客人等待太久，這都讓剛接手的梁老闆感到極大的挫折，也很害怕顧客東西吃剩下，心想是不是自己做的麵不合客人口味，又或是自己做的麵哪個步驟出錯。不過，正因爲有這種挫敗，梁老闆才能更加努力精進，爲了做出不輸自己父親的牛肉麵，爲了擀出符合顧客期待的麵條，爲了達到現代化的經營，梁老闆都毫無懈怠。

經營了40幾年的牛肉麵店，賣的不僅是美味可口的麵食，還有著能讓人不時反覆回味的記憶。許多顧客從二代的梁其升先生開始便時常來光顧，吃到現在都結婚生子，梁其升先生也已滿布白髮，但老顧客們依然會攜家帶眷的來光顧，因爲這裡有著學生時代滿滿的回憶（如圖18-12～18-15）。

圖18-12　紅燒牛肉麵

圖18-13　酸辣麵

圖18-14　滷豆干與海帶

圖18-15　燙青菜（當令蔬菜）

八、總結

一家麵食店要能長久經營，除了不斷精進自己以外，更要能在乎客戶感受，了解顧客需求，懂得求新求變。當我看著靦腆害羞的梁老闆述說著當初承接時的各種辛苦，以及熱情的向我講述著「魯穀香」歷史由來的初代老闆娘，還有身體健朗的初代老闆，都讓我深深覺得這家店一定能夠永續經營。

魯穀香

聯 絡 人：梁孝元
地　　址：彰化市華山路7號
聯絡電話：(04)7283326
營業時間：早上11點至下午2點30
下午5點至晚上8點30
每週一公休

陳毓娟　撰

冰品飲料

Tzemdas Kaffa獨立思考咖啡
舞蹈與花藝交織的咖啡香

一、緣起

「我不喜歡受制於人，或者看老闆的臉色，那我覺得可以依靠自己」。最初僅僅只是想著要獨立擁有自己的生活，老闆與妻子毅然決定離開臺北，一同回到童年最熟悉的地方並創立咖啡店，以此開創新的生活，也醞釀著下一代的童年。老闆熱愛的咖啡、閒暇時閱讀的書籍、以及老闆娘擅長的乾燥花花藝、夫妻倆鍾情的舞蹈於店中相互交織。在這個從小成長的空間裡，老闆希望提供一個休假喘息的放鬆場域，讓人忙裡偷閒，他將新的學習與喜好帶入童年的回憶，將回憶與新知一併與訪客分享，每位客人進門時他都會誠摯地招呼，也會分享近況或生活感想，企盼讓每一位到店的客人感受到溫暖與關懷（如圖19-1）。

圖19-1　獨立思考咖啡外觀

二、獨立思考的過去、現在、未來

獨立思考咖啡的店址在彰化市自強路上，是老闆自小成長的地方，他決定在這個承載童年回憶的地方開創新的人生篇章。

原本這一條街是一個非常簡單的住宅區，店面看得出時代的痕跡，使用的是民國5、60年代非常流行的磨石子地板，是老住宅常見的地板施作手法，特色是表面光滑平整。磨石子的前期工法與抿石子的一樣，作法是將水泥（1）：海菜粉（0.5）：石粒（2）的比例均勻攪拌，不同的是需待硬化乾燥三日後，使用磨石機與水將表面打磨至露出光滑石頭面，數次研磨後拋光上蠟，方算完成。若面積大時須以銅條（現在大都使用塑膠條）分隔，以引導裂縫，大部分施作於地坪，少部分用於牆面。現在市面上則有已經磨好了的磨石子地磚可以直接選用。

草創初期僅只有一樓的空間，老闆請原本就有木工專長的爸爸，協助一樓裝潢設計中木工的部分。門口採光極佳的大面落地窗設置成沙發區，往裡面走，便能看見吧臺前的小的展示臺，上頭展示著老闆夫婦旅行時帶回來的紀念品。光是一樓的裝潢就耗時近一年，老闆非常用心地考察了許多店家，細心觀察其他店家的裝潢和擺設，並從中發想自己想要營造的空間氛圍。在考察的過程中，不乏擁有百萬華麗裝潢的店家，但老闆心中清楚明白，雖然那樣的佈置很美很好，但那並非最主要的。相較之下，店家與客人的連結更爲重要。所以老闆選擇了溫暖的黃色燈光和木工手作爲空間的主要元素，以營造出溫暖的氛圍（如圖19-2）。

書架上擺放的是老闆與客人之間互相交流的書籍，範疇橫跨老闆本科專業的商業用書和很有興趣的心理學叢書，其中也有客人拿來交流的室內設計和烘焙食譜等等不同類別的書籍，顯見開店以來，老闆各個階段的好奇，以及店裡吸收的不同元素。這樣子各個類別書籍同時存在書櫃，展示了老闆與客人親切互動的一面，傳達著不藏私的分享精神，與共同學習的溫暖。

開店一年之後，老闆娘擅長的乾燥花花藝、夫妻倆共同的興趣——國標舞分別在二樓與三樓設立工作室，二樓能看到老闆娘親自揀選的花

圖19-2　獨立思考吧台，同時也是展示旅行紀念的所在

材正在窗臺邊進行吊掛乾燥，不少花藝作品也展示其中。乾燥花因爲去除了水分彩度降低，顏色偏向大地色，與木造裝潢相互襯托，擁有各自的美卻也不互搶戲份。三樓舞蹈教室是夫妻兩人的共同興趣，大面玻璃窗的良好採光與乾淨明亮的鏡子是舞者檢視自己的好幫手，處處可以看見老闆夫妻的細心經營與維護。工作室不僅自己開課，也延攬其他專長人員來授課，將自己的興趣與工作相結合，在工作的場域中添入熱愛的元素，讓自己在每個工作的時刻依然能與自己的興趣愛好相擁而舞（圖19-3）。

開店迄今已經四年，接下來下一個目標是將廚房擴大，拓展早午餐菜單，每一天都能夠迎接不同時段、不同需求的訪客來臨，並陪伴客人一起度過恬靜的咖啡時光。

圖19-3　利用木作加上燈串營造野營的浪漫氛圍

三、四海之內皆兄弟——雖然都叫咖啡，但他們各有滋味

常聽到咖啡豆有「深焙」、「淺焙」，咖啡烘焙的程度取決於外觀呈現的顏色：淺、中或深色，雖然這並非最準確判斷焙度的方法，卻最基礎的判斷方法，每一種咖啡豆適合的烘焙程度不同，又換個方向想，即便是同一批咖啡豆，只要分別使用不同的焙度，那麼也就會呈現出不同的風味，然而，當烘焙時間愈長，酸味便會逐漸的降低、苦味就會提升。淺焙咖啡保留了比較多甜蜜的花果香；中焙咖啡會產生韻味優雅的堅果香氣；深焙咖啡就有了明顯強烈的焦苦味。於此同時，老闆也重視咖啡豆的品質與保存，溫度、濕度、空氣、光線皆會影響咖啡豆的品質，爲避免咖啡豆品質下降，老闆會特別注意存放的位置，也一定使用不透光的包材，讓咖啡豆產生質變的可能性降到最低，亦採用多次少量進貨的方式，避免囤貨，讓店裡的咖啡豆都是新鮮的狀態（如圖19-4～19-5）。

圖19-4　老闆和顧客交流的書架，分享彼此的愛好與新知

圖19-5　單品咖啡搭配老闆的巧手拉花

獨立思考咖啡嚴選不同種類的咖啡，精心找出他們最適合的烘焙程度，將其一一列在菜單上，並告訴你它的烘焙深度。老闆最推薦大家選擇的是單品咖啡，單品咖啡的英文是Single Origin，對於單品咖啡的定義，我們可以說是這支咖啡豆的產地是屬於一個國家、一個地區、一個合作社到一個莊園或是咖啡農場所產出來的咖啡，又或者有些人定義其是同一個人或是同一個時間所種植同一批的咖啡豆。老

闆笑著說，依據當天的心情，選擇一杯適合的單品咖啡，享受咖啡的滋味，是一件很開心的事呢！

四、住宅區中獨樹一格的小店——街坊鄰居的溫馨共融

「開店就是當然也會有新發現，會帶來意想不到的收穫與驚喜，因爲你可以與附近的人相熟，就變得像個里長吧，大家在課堂上都會認識你。」揮別繁華擾嚷的臺北，回到家鄉，老闆的語句中，透露著溫暖，那種人與人之間實際相處、能讓溫馨感流入心尖的溫暖。在老闆的敘述中，其實有著對故鄉的愛戀，在現行的教育體制與社會環境中，很多年輕人因爲升學的壓力與父母的擔憂而沒能好好認識自己成長的城市，小的時候沒有能力獨自出門，中學時期因爲課業壓力而讓生活總在學校與補習班之間穿梭，好不容易成年，到外縣市去求學，擁有了更多時間去認識世界，然而在這樣的模式下，認識最深、最熟悉的城市，反倒不是自己的故鄉了。

正是有這樣的深刻經歷，促使老闆帶著想要更加認識故鄉的想法揮別繁華的臺北和已成習慣的生活模式毅然返鄉，先到救國團去報名課程，將原本就有興趣的咖啡手沖技術更加地精熟，在課程以外的時間找來志同道合的夥伴一起反覆練習，也因爲付出了大量的時間與心力練習，才能奠定店內產品的香醇品質，並以此爲橋樑更加的認識自己成長的城市。「我覺得你想要做什麼事情就會吸引到跟你同步調的夥伴，這個就很好，興趣相投的人碰在一起，才會一起互相鼓勵著前進，必須先是你想要的，你才會有機會遇得到，有趣的人才會遇到有趣的，志同道合才會聚在一起」、「有滿多時候候選人會喊我愛彰化，可是喊口號很容易，我們都明白那是一種生存之道，但就我自己而言，並不太想要這樣做，我只是秉持著要經營這家店，我就要讓它可以長久經營，這樣我才能養活我自己跟我的家庭。」質樸的語句不難看出老闆對於店面可以長久經營的願望，更顯現出店家的社會責任，開一間店並不是自己埋頭

苦幹，而是應該有跟整個社區、跟在地的文化以及風土民情相互融合的精神。

Tzemdas Kaffa獨立思考咖啡

地　　址：彰化縣彰化市自強路248號
聯絡電話：0966561418
營業時間：週一到五13點至22點，週六日10點至22點
　　　　　週四公休

蔡宛昀　撰

百年熬練好滋味
三角埔仙草

一、三角埔的釀味

三角埔仙草，走過百多年的歲月，不因為時間的變化而沉寂，反而熬煉出一股令人響往的好滋味，在臺灣仙草界版圖占有舉足輕重的地位。為何它會歷久彌新發出黑色的光芒呢？最主要的靈魂元素是堅持，楊家歷經六代的仙草祖業的傳承，才是它生命旅程的意義，並賦予它飲食文化的使命。彰化人何其幸運！在彰化縣建縣即將邁入三百年歷史的空間裡，還可以聞到空氣中散發的百年仙草好氣味，更棒的是能品嚐那香甜Q彈的好滋味。三角埔仙草的歷史，不是用書法一筆而就，就能寫出它的前世今生，歲月的刻痕，必須仔細的觀看撫摸，才能感覺到歷史的溫度，體會記憶裡的滄桑，以及世事難料的奇妙！

三角埔地名由來，是因為數百年前南郭坑溪（以前稱坑仔內溪），曾經遭受大水的侵襲，與南側的溪流會合沖刷沿岸，後成為一片三角形狀的荒埔地，後來漢人來此開墾定居農耕，於是以三角埔稱之，因而得名。它就位於早期的平埔族半線社東邊，早期應是平埔族社域範圍內，後來土地贌給漢人開墾，逐漸成為聚落。最早來的家族有黃、楊、陳等姓氏，為彰化市華陽里的一部分，旭光路尚未開闢時，三角埔過去有一條柳枝巷通往市區，或由華陽市場轉南郭路通往市區（如圖20-1）。

二、楊家百年傳承

三角埔仙草的飲食文化溯源，可以追溯到清代末期，第一代楊金元祖居地在東螺東保北斗街，就已經以製造豆腐、仙草食品為業，據傳這項行業是祖傳的事業，實際歷史為何？因為史料散佚已不可考。以楊金元在日治初期北斗戶籍登記為準。第二代楊友，楊金元長男，小時候就

圖20-1　彰化市三角埔旭光路50年前古厝老照片，堆了許多仙草乾、鐵桶

與父執輩一起學習食品加工，協助家業營商，長大後輾轉於明治43年（西元1910年）受雇於彰化北門街食品行，後又返回北斗南門就業，明治44年（西元1911年）2月父親過世後，又來到彰化街市子尾就業。大正5年（西元1916年）經人介紹入贅彰化南郭三角埔黃家，與黃李氏葉結成連理，並與妻一同到彰化公園旁的彰化爆竹工廠當職工，在工作之餘，夏天就製造仙草凍，挑著沿街叫賣，增加家庭收入。昭和6年（西元1931年）與黃家分戶，各自獨立生活，仍然從事職工與兼賣仙草凍爲生，那時代熬製的仙草凍，都是用陶瓷甕裝著，非常的沉重，大家普遍貧窮，生意不是很好。

三角埔仙草的事業基礎，是由第三代楊海鰻加以擴展起來的，日治末期他跟隨父親學習提煉仙草的技術，後來就接手這項祖傳的行業。光復後，鑑於仙草凍的生意有季節上的限制，於是開始多角化的經營。過去市民吃仙草都在夏天，約在每年的農曆四、五、六、七、八月左右，只有五個月的生意，其餘時間就要打零工維生。中秋過後他就開始賣自己製作的珍珠粉圓，初期還是肩挑沿街 販售，冬天很冷，則賣菜頭粿。過年前則大量製造菜頭粿、甜粿應付客戶需求，一年仙草、珍珠粉圓、菜頭粿三樣輪流販賣，逐漸打開了三角埔仙草的知名度。

隨著臺灣經濟逐漸繁榮進步，仙草凍的生意開始轉好，彰化市的冰菓室，冰店、攤販都成為主要客戶，需求量增加，夏天全家都投入生產行列，第四代長子楊家正十三歲初中時就協助父親製作仙草，課餘早上要幫忙送貨到客戶處，生意非常忙碌。過年期間做菜頭粿、甜粿，每年要做十幾石的米，菜頭粿蒸籠量數，有一百多籠之多，遵古法製作，廣受歡迎。

楊家正初中畢業就與父親一起做仙草生意，五十年前，十八歲時就曾經將仙草賣給彰化市大竹圍（大竹里）的加工工廠，做成仙草蜜罐頭，外銷出口到美國，當時價格是一斤五角，一次訂貨都是三千斤、五千斤，做了近三四年之久，也算開了當時仙草外銷的先例。當完兵後，仍然返回協助父親經營事業，結婚後，就開始到彰化培英教練場擔任汽車駕駛教練，大車小車都有訓練教導，當了教練十幾年，頗受學員們肯定。空閒時，就到鄉下農村承攬水果、蔬菜的批發買賣，將大宗收購的玉米、橘子……等，運回華陽市場批發出去，當時華陽市場是彰化市水果批發市場，就在住家旁，占地利之便，生意還不錯。

四十歲返家與父親一起做仙草生意，開始以「三角埔仙草」註冊商標，擴大生產規模，打開了「三角埔仙草」的知名度市場（如圖20-2、20-3）。過去熬煉仙草，最早是燃燒木柴、土炭，再改燃燒粗糠、礦油（俗稱黑油），三十幾年前改換乾淨的瓦斯方式製作。木柴等燃燒速度慢，產量多時不符合需求，後來改成燃燒礦油，熬煉速度加快很多。民國七十幾年蓋新樓房時，就把工廠改建成燃燒瓦斯方式提煉仙草汁，如此比較環保。過去彰化旭光路的住家兼工廠，夏天旺季時，三個大鼎輪流熬煮提煉仙草汁，還是供不應求。於是民國94年（西元2005年）購買在彰化花壇鄉文德村彰員路二段1050號的土地，隔年蓋起一座大型的仙草製造廠，夏天旺季，六個大鼎同時熬煉仙草汁、仙草凍，產量擴

圖20-2　彰化市三角埔旭光路古厝改建的透天厝本店

圖20-3　彰化市三角埔旭光路50年前古厝老照片

增一倍以上，才能應付廣大客戶的需求（如圖20-4～20-6）。

三、三角埔仙草好滋味

爲何過去夏天流行的仙草，生意會在這三十多年來，逐漸興盛起來呢？最主要是拜各品牌飲料連鎖店的興起有關聯，過去夏天吃仙草凍是許多上年紀的民眾共同的印象，隨著飲料店的不斷開發新產品，仙草的吃法除了凝固的仙草凍外，㈠是未經凝固的仙草冷熱茶飲；㈡是仙草凍加熱添加其他食材的燒仙草；㈢是仙草熬煮沉澱物濾渣的濃汁，可以用來煮仙草雞、仙草排骨、燉品……等。仙草雞湯油而不膩，屬於涼補，

圖20-4　第三代楊海鰻夫妻與第四代子女合影，後左一第四代楊家正

圖20-5　花壇的生產工廠外觀

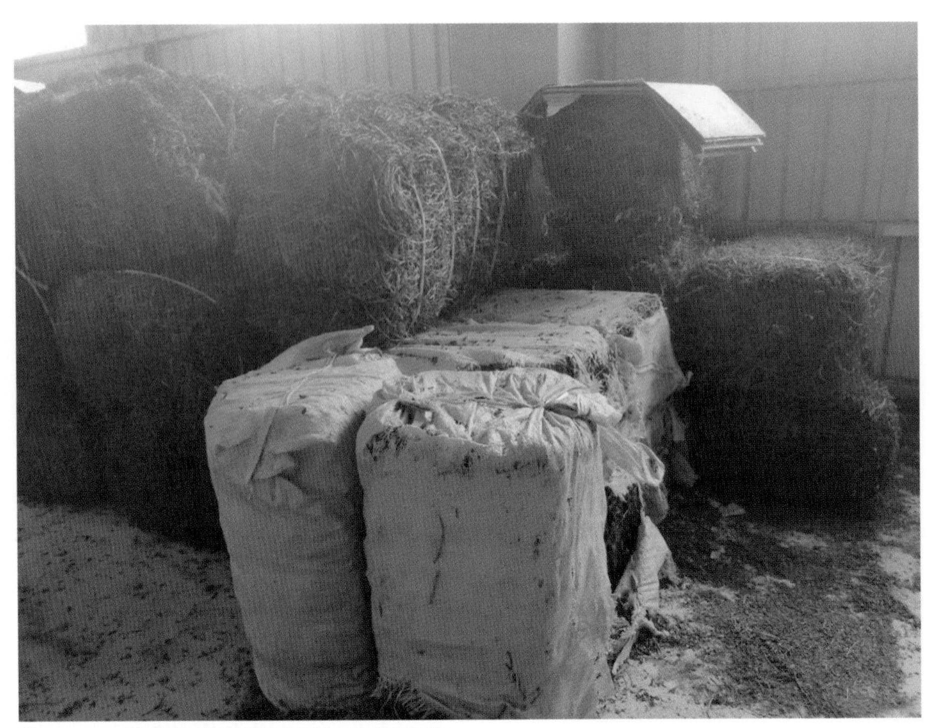

圖20-6　倉庫裡堆滿各國各地的仙草乾

對肺癆久咳、小兒發育不良症狀很有幫助；仙草排骨湯可以讓體弱的人補氣、調養身體，這些飲食都是甘醇爽口，具有清肝退火之效。三角埔仙草隨著這股臺灣飲料的革命性風潮，乘風而起。更因爲臺灣鄉土文化節目的風行，臺灣古老滋味成爲大家追逐的標的，多次電視節目的介紹，澎恰恰《草地狀元》、阿西與阿嬌《臺灣尚青》……等，都來拍攝節目播出，一些媒體也來訪問報導，逐漸打響了三角埔仙草的品牌知名度，生意就火紅起來了。

提煉仙草汁，不同鄉下人熬煮草仔茶來得簡單，必須有一身傳承的好功夫才行，三角埔仙草秉持著祖傳的秘技，熬煉出的仙草汁、仙草凍，百年好滋味始終不變，挑嘴的老主顧，都是好幾代累積口味相傳的饕客，市面上現在占大多數經過食品加工技術製造的「速食仙草」，就是少了精心熬練的古早味。傳統仙草乾有許多的品種，有香氣的膠質較少，膠質較多的卻沒有香氣；有的熬汁量多，有的則量少；有的則是較有Q度，有的是Q度不足。所以要熬煮出好吃又具香味的仙草，必須同時調配多個品種的仙草乾。過去臺灣阿里山上的野生仙草乾，是最好的上品，可惜已經成爲絕響，現在工廠用的仙草乾，來自新竹關西、嘉義、印尼、越南、大陸等地，國內的仙草乾，都是親自到產地，試味看色，整批購買而來。外國產品貿易商必須提供樣品鑑定，進口後必須每百件商品抽驗三件通過後購買，以維持品質的穩定。倉庫堆積的一捆一捆仙草乾，飄散著淡淡的香氣，好像是聯合國般整齊的儲放，等待主人的賞識，一一點名加以分配，加入熬煉成汁的陣容裡。三角埔仙草累積一百多年經驗，研發出最佳的黃金比例祖傳秘方，代代相傳，堅持古法，才能在「化學」仙草廉價的競爭中，脫穎而出，屹立不搖。

一個提煉仙草汁的鑄鐵大鼎，放著特製的檜木桶，每次需要約30斤左右的仙草乾，老闆會從印尼、越南、大陸、臺灣的仙草乾裡，像魔術師般的選取所需的成數，精確的用秤子加以秤重，一切全憑經驗法則。然後仙草乾放入專用洗滌的大桶狀機器中沖洗灰塵等雜質，洗仙草乾的速度要快，仙草乾遇水就滲出黑色的汁液，原汁精華會流失。泡了太久則會影響煮煉濃度。洗好用天車吊掛放入特製的檜木桶熬煮6小時，過程中還要試味道純度，不足增補，等待整桶仙草熬煉煮透，汁液變濃稠，再經過沉澱過濾，就成爲仙草原汁，一大鼎的冷卻原汁，可以裝入10公升的白色桶子，約有40桶左右。若要做成仙草凍，則是加入古法洗滌的適量麵粉漿煮沸，最後靜置結凍，需時8小時才完成，要完成完美的仙草凍產品，先後達24小時之久。一大鼎原汁必須稀釋，加麵粉漿後煮沸裝入鐵桶，可以裝約80桶左右。麵粉漿的洗滌很費工，麵粉糰發酵後，在水中慢慢的搓揉，讓麵粉原汁洗出來，這汁液是三角埔仙草凍的精華。洗滌剩下來的麵粉餘物稱爲生筋，就是古早做麵筋食品的原料，生筋數量並不多，內行人才知道購買來烹煮品嚐（如圖20-7～20-14）。

三角埔仙草一路走來，傳承至今六代之久，有一百多年的悠久歷史。第四代楊家正將祖傳仙草行業，發揚光大，以祖居地「三角埔」註

圖20-7　仙草乾洗滌乾淨

圖20-8　放入爐鼎檜木桶熬練六小時以上

圖20-9　工廠生產線帶與傳統工法兼具

圖20-10　熬煉出來的仙草原汁

圖20-11　加入生麵粉原汁結凍的仙草凍

圖20-12　原汁冷卻後裝入10公升的塑膠桶

冊商標，打響了知名度，成爲臺灣少數傳統仙草製造者之一。因應廣大消費者的需求，全省各地皆可用宅即便方式配送到家，就可以品嚐百年

圖20-13　一桶2公斤的仙草凍產品　　圖20-14　夏天送禮的仙草凍禮盒

三角埔仙草的好滋味。產品有桶裝原汁（10公升）、桶裝仙凍（30斤左右）、瓶裝仙草汁，以及用白色塑膠桶（兩公斤）的仙草凍，另外還有古法製造純番薯粉的珍珠粉圓、生筋等產品。現在工廠已經由第五代長子楊秋風接手管理經營，楊家正從旁協助教導，第六代孫子楊仕羽也加入了三角埔的行列，學習祖先傳承的技術。第五代次子楊智賢，也在臺北市開設三角埔仙草的連鎖店經營，自營西門町漢中街三角埔仙草本店，另有忠孝東路後山埤店與士林店，兩家加盟店，也開創出一番事業來。祖孫三代一起爲百年的事業，傳遞古法熬煉仙草的好滋味。

彰化市三角埔仙草

聯 絡 人：楊家正
地　　址：彰化縣彰化市旭光路169巷2號
聯絡電話：(04)7235834
營業時間：每日上午8點至晚上6點

蔣敏全　撰

阿東社咖啡
山林間飄散的咖啡香

一、隱身在八卦山的秘境——阿東社咖啡

阿東社咖啡的位置在八卦山的半山腰，招牌並非在大馬路邊就能一眼看見，若要尋得它，得要先經過一段蜿蜒的山路。阿東社咖啡有自己的咖啡農場，分別在八卦山地區與南投，店內販售的咖啡，皆是自產自銷，餅乾和甜點的部分，則是和在地的烘焙工作坊合作，採用配送的方式，所以每一次的造訪，都會遇見不同的驚喜搭配（如圖21-1）。

店面緊鄰彰化縣道139周邊的山林步道，沒有使用其他觀光休閒餐廳常見的那種華麗裝潢，選用的是簡單溫暖的拼接木，營造出森林小屋

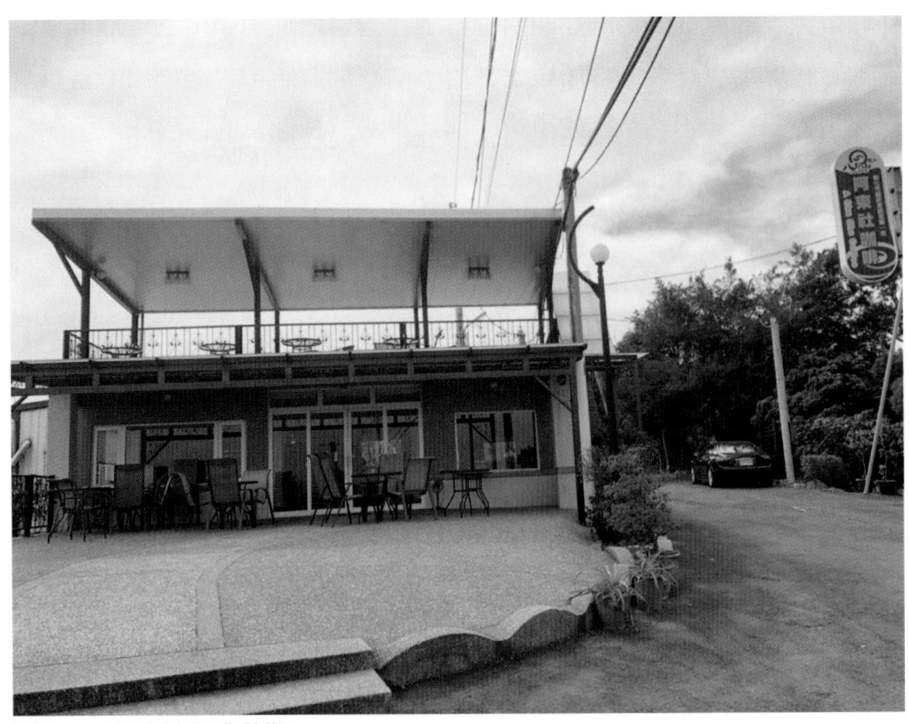

圖21-1　阿東社咖啡外觀

的氛圍，與整個自然環境融合在一起。牆上掛著康原老師的詩作，康老師擅長創作囡仔歌謠，詞句饒富童趣，例如〈含挾相〉一詩，內文貼切描繪小孩的吃相，每每讀來總令人牽動嘴角漾起笑意。二樓的景觀遼闊、視野極佳，可以俯瞰咖啡園，亦可以遠眺臺中市區，晚上夜景更是美得令人讚嘆！沿著產業道路走去是阿東社咖啡的咖啡園，是個散步的好去處，沿著路感受大自然的美與四時的更迭，此時不需要過多的言語，眼前的景致無聲勝有聲。

二、飄洋過海來看你——臺灣的咖啡起源

「每一杯咖啡裡都蘊藏著一整部的西方帝國主義史。」——英國社會學家Anthony Giddens

咖啡第一次出現在臺灣歷史上，是約莫清光緒年間，英商德記洋行的船員菲利浦斯從馬尼拉引進咖啡樹苗，種植在今日臺北三峽的茶園。日治時期幾乎全臺都曾試種過咖啡，但幾經失敗，古坑成爲臺灣咖啡最後落腳的地方。也因此，大部分人講起臺灣咖啡第一個想到的就是古坑，但其實八卦山也有著日治時期就引進的阿拉比卡咖啡樹苗。臺灣所處位置已經來到緯度24度半，在咖啡的種植上，只要能夠控制好咖啡的成長速度，躲過炙熱炎夏，營造出來的風味不會輸高山咖啡（如圖21-2）。

圖21-2　即將熟成的咖啡豆

在西方國家的咖啡種植土壤中，首推火山灰土質，火山灰裡面有豐富的礦物質、微量元素，排水性極好，砂礫壤土次之，第三則是紅土。八卦山恰好同時擁有著砂礫壤土與紅土兩種利於咖

啡種植的土壤可供種植。土壤的排水性跟咖啡的回甘有密切關係：平原不能種咖啡就是因爲會積水。而山上排水性佳，不僅僅是土壤表層，從土壤表面到地下一米後的排水性亦十分良好「我們就想說既然有了合適的環境和土質，就來試種咖啡，跟古坑一樣！」老闆鄭錫鴻嘴角漾著笑，眼裡閃著光的告訴我們這句話。日治時期，日本人將咖啡引進臺灣，原先是種植在古坑的荷苞山跟華山裡面，那時候喝咖啡的人並不喜愛咖啡的酸味，所以當時日本人選擇將咖啡種在淺山，現在慢慢酸味跟果酸的味道接受度提高，就越種越高了，但其實咖啡很怕霜害，緯度或是海拔太高都會影響產出，以咖啡種植來說臺灣算緯度很高的地方，八卦山一帶雖然也會下霜，但是與高海拔的高山相互比較下，風險是相對較低的（如圖21-3）。

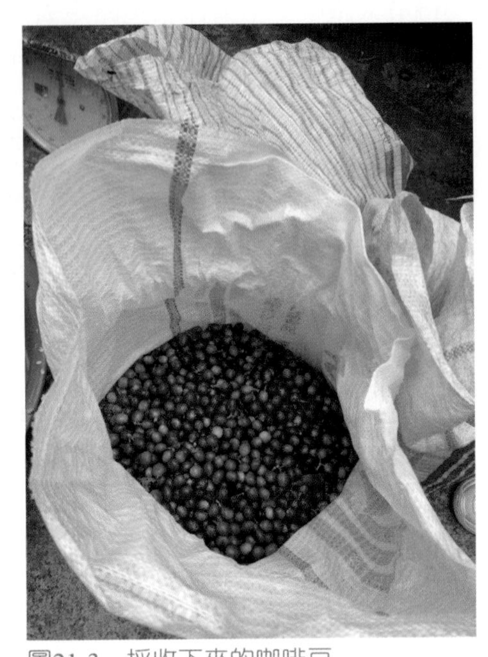
圖21-3　採收下來的咖啡豆

咖啡樹的種植，氣候、溫差、土壤特性都有著關乎產出的影響力，除此之外更要防治蟲害，從遙遠的西方國家飄洋過海來到臺灣的物種無法及時適應環境，而臺灣又是一個四季分明的地方，要如何選擇品種以及照顧，都是功課。八卦山地區空氣非常流通，是絕佳的地理環境，也因爲時時有風吹拂而大大的減低蟲害，更是減少了農藥的使用而避免了農藥殘留和農藥汙染環境的風險。阿東社咖啡也秉持著與自然共融的心而不過度使用殺蟲劑，每年的夏天山區都有大量的螞蟻大軍爲了牠們的冬季屯糧而努力著，阿東社咖啡爲因應生態特性，夏季時更是將店內每日清潔增加至一日數次，將店內桌椅勤加拂拭，避免影響客人，亦曾因爲螞蟻實在太多而在臉書粉絲團緊急公告店休一日，不僅是爲了客人是否能放鬆品嚐咖啡著想，也是想避免因爲要營業而使用殺蟲劑汙染大地而選擇臨時公休，這份對土地的溫柔，委實令人動容。

三、咖啡——是你永遠猜不透的千面女郎

咖啡產出的味道會受咖啡樹所處地區的氣候濕度、日照時間、排水性、日夜溫差等外在風土條件影響。

風土條件這個詞源自法文Terroir，是談到酒時最常用的單字。南美精品咖啡聯盟的Pamela描述風土爲：「Terroir字面上是土壤。而在土壤周圍的環境就是風土。」但若應用在農業的範疇時，風土的內涵會顯得更複雜，Pamela定義農業的風土爲：「特定物質組成的土壤，結合周圍環境的溫度、雨水、微生物、細菌、氣候，而且上述條件可以應用於農業上。」老闆鄭錫鴻說：「咖啡樹種植的土壤、環境、海拔、緯度、氣候、周邊種植的植物不一樣，他烘出來的那個豆子都會有著些許的不同，眞的，你一樣是在我這邊搬過去的幼苗，或者是我這邊咖啡園移植過去種在不同的高山上，他產出來的口感是不一樣的」綜上所述，風土其實結合了咖啡種植環境的一切。不僅是土壤和氣候，而是整個環境，包含當地農業知識與技術的影響。老闆認眞地說明，也贈與我們咖啡樹的小苗，建議我們帶回家親自實驗。老闆的熱情慷慨，和對於咖啡樹的細心觀察照料，背後其實蘊藏了更多對於土地和家人的關愛（如圖21-4）。

或許大家會和筆者一樣，覺得對於咖啡如此深入了解又很有研究、很有熱忱的鄭老闆是來自農業推廣專業領域，然而當筆者向鄭老闆請教個人與咖啡的淵源後，竟得到了出乎意料的答案——鄭老闆告訴我們在創業前，自己其實在從事軟體工程產業，對此經歷，我們也嚇了一大跳呢！不僅跨足不同領域，更要求自己具備專業力，將咖啡的相關知識細細向我們解釋，可見老闆在創業這條路上挹注了大量的精神與心力。當時的鄭老闆因爲希望這片與自己有著深厚情感的土地不要只是別人眼中的一片荒山，在與家人討論後，決定開始創業的道路，在兄弟

合作之下，將家中的山坡地做規劃，一般農田可以直接使用機器機械化耕耘，或者是把它做成溫室採用科技管控，而這些方案因為山坡地有高低差的問題而無法施行，僅能仰賴高成本的人工種植。人工栽種、管理、採收有共同的問題，那就是施行效率和安全性，人工採收速度慢，較難與果實熟成的時間同步，同時採收人員必須長時間曝曬在豔陽下工作，對於身體健康安全也是要顧慮的地方，在這樣的多方面考量之下，老闆進而選擇將山坡地上那些從日治時期留到現在的咖啡樹拓展為咖啡林，從土地整理、試種、水線規劃、知識進修、機臺購置及操作，皆由自家完成。從兄弟共同草創到與其他農友互動合作，至現在成立產銷班並擔任班長，歷時近二十年，幾人在這片咖啡園中留下了辛勤的汗水，灌溉了對家鄉的眞摯熱愛。

圖21-4　老闆對待咖啡的細心展現在細節中

然而除了前面所提及的外在的風土條件，採收時間和後續的處理也會影響其風味，「如果說不同月份採收的話，他喝起來的酸度會不一樣。因為除了日夜溫差，還有春、夏、秋、冬四季溫差導致成長速度不同，每一批咖啡的味道會有些差異，客人會發現這次喝的跟上一次喝的感覺是不一樣的。」鄭老闆仔細說明咖啡種植與氣候環境的影響，原來我們手中的那杯咖啡蘊含著這麼多學問，而在採收後的處理，更是絲毫馬虎不得，阿東社咖啡在採收後，分別採用日曬、水洗、蜜處理等方式。日曬法算是較古老而且天然的處理方法，首先要先去除浮豆，也就是將咖啡豆倒入大水槽之中，劣質而不夠飽滿的豆子會浮在水面上，發育不完全的劣質豆成熟飽滿的果實則會沉入水底，此時將水面上的浮豆撈除，即完成去除浮豆的步驟。接著要讓咖啡豆曝曬在陽光下，更需要時時翻動，讓咖啡豆每一面都能夠曬到太陽，最後再去除外殼。水洗法的處理過程和日曬法一樣要先經過劣豆淘汰的步驟，再利用機器，將咖啡果實的外果皮與果肉去除，接著利用發酵將果膠去除，去除完果膠後，再用清水將殘留在咖啡豆上的雜質與發酵菌清洗乾淨，最後再將咖啡豆烘乾並利用脫殼機去除剩下的果皮。蜜處理，蜜處理又有黃蜜、黑蜜之分，黃蜜、黑蜜兩者的差異在於曝曬的時間不一樣。果皮去掉以後就直接曝曬，它因爲有果膠、有甜度的緣故會變得很黏很緊密。這些繁複的工序全仰仗人工清洗與翻動，處理時必須長時間忍受彎腰勞動的辛苦，更是要長時間曝曬在烈日豔陽之下，而這些不同的處理方式都將爲這些咖啡豆帶來不同的風味。

四、香醇的咖啡——勤奮踏實的為訪客帶來更多體驗

阿東社咖啡現在除了自己本身營業的咖啡與輕食的販售，也開放咖啡園和製程的預約參觀，實際走進咖啡園試採生豆，品嚐在齒間瞬間綻開的甜味，或許還能遇到一樣愛吃咖啡豆的松鼠與你同遊咖啡林，從林間向外望，可以看見遠方的夕陽，枝葉扶疏的咖啡林與柔和夕陽相互輝映客人們讚不絕口的景致。參觀採收後交由機器輔助的選豆過程，看著咖啡豆經歷數道工序進化成杯中的香醇咖啡。並且提供咖啡樹的小苗，可以讓遊客親身體驗咖啡植苗的栽種，讓遊客將咖啡樹苗移植到盆栽裡帶回家，爲旅程留下美好的紀念（如圖21-5）。

圖21-5　阿東社咖啡提供顧客預約體驗咖啡植苗栽種

阿東社咖啡

聯 絡 人：鄭老闆

地　　址：彰化縣彰化市彰南路3段2巷45號之1

聯絡電話：(04)7389791

營業時間：上午10點至下午10點

蔡宛昀　撰

美味來自堅持
大都會冰城

隨著《那些年，我們一起追的女孩》電影票房熱賣，彰化市拍攝景點也為之掀起一陣小小漣漪。曾經叱吒彰化市數十年的永樂街形象商圈，除了停留在中年以上在地人的童年回憶裡，也多了一點年輕人目光的關注。

1979年9月，長期致力臺灣風俗民情研究之林衡道先生，作了彰化市傳統飲食調查，文中50幀照片中，永樂街便占了15幀，黝黑夜色襯著通明燈火、如織行人的熱鬧景象，可看出永樂街昔日的盛況。今日的永樂街，行人三三兩兩，店家出走，夾娃娃機店面充斥，可謂淒涼冷清。但在永樂街的經濟寒冬下，堅持健康美味食品的大都會冰城，對頂極食材的堅持卻是不減反增。本文將帶領大家一同認識座落永樂商圈三十載的「彰化人好朋友」——大都會冰城。

一、緣定彰化——彰化第一家彎豆冰

沉靜溫吞的王老闆有著適合經商的好名字——永誠，個子嬌小卻有著銀鈴般爽朗音色的老闆娘宋秋鳳，臉上總是掛著笑意，親切熱情，這一靜一動的組合，互補得天衣無縫（如圖22-1）。話說三十年前，二十啷噹的年輕夫妻，由臺中東海商圈路邊的手工餡餅攤創業，賣起王老闆父親傳授的陝西口味餡餅、蔥油餅，香酥的美味吸引人潮，但配合學區的低價趨勢，卻只在忙碌中圖得溫飽，加上攤販的不穩定性，讓夫妻倆萌生另覓地點，改以店面方式經營的念頭。

起初往高雄、臺南尋覓店面地點，卻因人生地不熟無功而返，返家途中行經彰化，經熱心的在地有緣人指引，落腳彰化市永樂商圈成功路上，為彰化市帶來了冰沙與冰淇淋的新奇組合——彎豆冰、豐仁冰。帶著對彰化市願景與新創事業的美好想像，將店名起名「大都會冰城」，

圖22-1　老闆王永誠與老闆娘宋秋鳳

王老闆更親自設計了以可愛的兒童及冰的意象圖爲主調的大都會冰城Logo（如圖22-2）。

圖22-2　王老闆設計的Logo（王永誠提供）

1990年的永樂夜市活絡熱鬧，當天空褪盡夕陽的絢麗，拉起夜的帷幕，永樂街上燦爛華燈，吸引著來自各地的人群，穿梭選購流行的鞋品、服飾，品嚐香氣瀰漫的美食、小吃……，但僅隔二三間店家之距的大都會冰城依舊冷冷清清、乏人問津，摩肩接踵的人潮湧不進大都會冰城，喧鬧的人聲在街上沸騰，大都會冰城卻如置身「世」外，與這繁榮隔絕。低潮期曾單日營業額不足三百元，然而傾注家當的創業猶如破釜沉舟，只准前進，斷無後退之路。於此絕境中，王老闆突發奇想，用小冰箱製作了一輛小推車，由親切活潑的老闆娘將產品推出店外叫賣，更於永樂街與成功路口承租攤位，融入永樂夜市的人潮之中，化被動為主動，將美味新奇的產品推廣出去，並將客人一個一個引入大都會冰城。

冰沙與冰淇淋的奇幻組合令彰化人驚豔，營業時間未至，店門口早已排滿等待的客人，仲夏旺季，甚至營業到半夜二點才打烊。奇計引發效應，美食傳出口碑，大都會冰城的春天終於到來（如圖22-3）。

圖22-3　大都會冰城位於成功路54號

然而隨著交通的開發，人潮分散至臺中；網路購物盛行，改變了購物的型態；經濟不景氣使永樂街的發展雪上加霜；1999年形象商圈改建，雖然有了整齊美觀的街道，卻不再允許攤販營業模式，成了壓垮永樂商圈的最後一根稻草。近年市公所雖然極力規劃活動，欲重振商圈榮景，但曾是中部最熱鬧的永樂夜市，卻已欲振乏力，褪去一身風采。

二、美味來自對食材的堅持

約莫二十年前，為了順應日益提升的老年人口比例，也減少冬夏淡旺季的差異，大都會冰城圖謀轉型，將主力商品轉為豆漿、豆花。總是留意時事變遷的王老闆，注意到非基改的觀念萌起，除了健康考量，以非基改大豆製做的豆漿、豆花，香味更是基因改造大豆無法比擬，所以即使非基改大豆成本近乎基改大豆的兩倍，於轉型之際，王老闆毅然投入非基改食品推廣行列。當時彰化尚無非基改大豆的批發商，王老闆親自開車至臺中貿易商公司購入，顯見其追求健康美味食材的決心與遠見。五、六年前，顧客帶了有機大豆供老闆試用，來自大地純樸天然的滋味，凝聚了宇宙的生命力，老闆一試驚為天人，旋即將主力產品提升至有機等級（如圖22-4、22-5）。

圖22-4　有機非基改大豆是豆漿、豆花原料

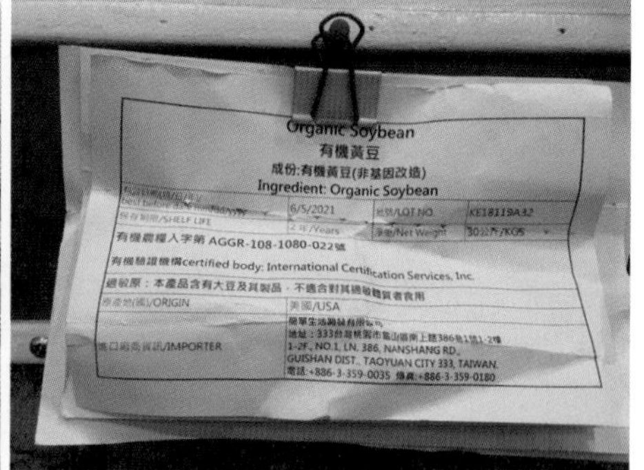

圖22-5　非基因改造有機黃豆進口資訊

雪耳蓮子湯是創業之初的湯品產品，在荷花搖曳生姿，蓮子盛產的季節，王老闆為採購高品質的新鮮蓮子，每每調了半夜三點多的鬧鐘，連公雞都還悶著頭睡的時間點，便懷著為顧客購回最新鮮蓮子的期待心情，離開舒適的被窩，披衣而起，就著微帶涼意的朦朧夜色，趕搭凌晨四點多的火車，到臺中建國市場，扛回新鮮蓮子。歸途與劃破天際的第一道日出光芒相遇，對頂極食材的堅持，也為大都會冰城帶來一片曙光。非新鮮蓮子產期，高規格6A等級的乾燥蓮子，便是當然之選。

貿易商深諳王老闆不惜重金追求頂極食材的信念，便將屏東以牛奶種植的頂極胖奶紅豆推薦給王老闆，試用之後，發覺細心呵護照顧的胖奶紅豆滋味果真不負期望（如圖22-6、22-7）。其他食材亦一一試用，找出安心美味的首選：紮實肥美的特選雪耳，得撐開手掌才得以掌握；磨心的薏仁優於次級的粗糙產品，呈現細緻口感；中部盛產的芋頭口感Q綿香氣足；地瓜以雞蛋黃品種的口感最符合要求；臺灣本土生產的花生顆粒完整、耐煮、香氣佳；夏天推出口味獨特的自製抹茶蒟蒻，冬天則改成溫潤的黑糖蒟蒻；湯圓更是王老闆遵循傳統古法製程，從圓糯米泡水開始製做，磨漿後，從不同角度壓乾水份取得粿粞，逐步完成，最後更將煮熟的湯圓泡在親自熬煮的糖水中，無怪乎大都會冰城的湯圓是由本身釋放出淡淡的甜味。

圖22-6　呵護栽培的胖奶紅豆光滑飽滿

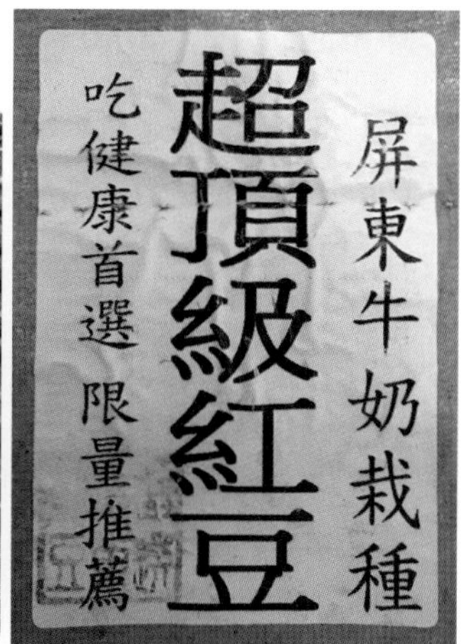

圖22-7　牛奶栽種限量胖奶紅豆

大都會冰城的有機豆花，除了可以從16種特製食材中挑選4種搭配外，湯水的部分有非基改有機豆漿（有糖及無糖二種）、高優質鮮乳及特選臺南黑糖、桂圓、冬瓜熬煮的糖水可供選擇。筆者是不折不扣的「大豆控」，夏天必點有機豆花加豆漿，濃郁的大豆香滿足味蕾的渴求。每道天然配料均有自身散發的獨特口味，顧客各有所鍾：Q香的芋頭、綿密的蓮子、消暑的綠豆、鬆軟且粒粒分明的胖奶紅豆、健康的紫米和燕麥、口感獨特的蒟蒻……任君選擇。大都會冰城不手軟的份量，更可讓五臟廟得到最大的滿足。在食安問題層出不窮的時代，有此美味安心的口袋名單，在享受冰涼消暑的美食之際，不僅營養與安心兼具，更顧好消費者的荷包，有機主產品搭配特選頂極食材，只要佛心的銅板價就可享用（如圖22-8、22-9）。

以紐西蘭安佳奶粉製作的手工冰淇淋，不僅吃得到濃濃奶香，更吃得到食材的原始滋味：花生的濃香、熬煮的清新鳳梨果肉、草莓的酸甜滋味搭配蔓越莓果乾的Q酸、丁狀芋頭的口感……，均是眞材實料的獨家手作口味。精緻擺盤的豐仁冰、彎豆冰，各以鳳梨及彎豆鋪底（如圖22-10），覆之以梅子冰沙與綠豆沙，再搭配手工冰淇淋及果乾，除了多層次的豐富口感，在視覺上更是一種享受。根據史料，1897年日本人於臺灣設立第一家製冰工場——臺灣製冰會社，原是爲捕撈的水產提供保鮮冰塊，後因臺灣夏季炎熱難耐，日人遂以冰塊製成冰品販賣，臺

圖22-8　料多實在的有機豆花（尚未加豆漿）

圖22-9　冒泡的豆花，才是沒有添加消泡劑的安心選擇

人由不敢食用而漸次習慣，進而引發臺人吃冰或飲用冰水的熱潮。1902年，臺北各地賣冰小屋林立……，時至今日，臺灣隨處均可見到販賣冰品飲料的店家，不僅追求特殊口味，更朝精緻化發展。

圖22-10　豐仁冰有著精緻典雅的造型

凜冽寒冬裡，一碗熱呼呼的燒仙草，熨溫冰冷的雙手，溫潤的燒仙草入喉，頓時心暖，在墨黑的燒仙草中，挑食自己喜愛的配料，每口都充滿驚喜（如圖22-11）。在彰化經營三十載，客人成了好友，彼此提供資訊，也在情感上相互依附，客人在大都會吃的不僅是安心，更是情感。來自卓蘭的老闆娘是客家人，總是念著顧客的好，感恩彰化人如此有情，答應幫忙介紹產品的客人引來一車車的親友，老闆娘念念不忘、感恩至今。

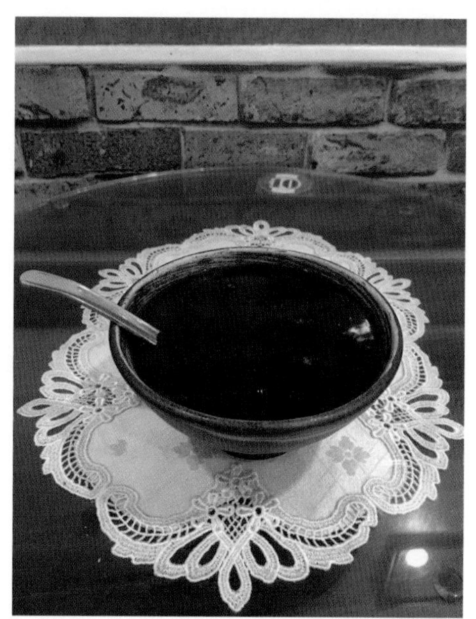
圖22-11　寒冬添暖的燒仙草

王老闆表示，顧客只知大都會的產品美味，卻不知美味正是來自大都會冰城對食材選用的堅持，及製做的用心；秋鳳老闆娘自信的說，顧客吃下肚的食材絕對安心，是大都會最大的驕傲。完美來自每一道細節的用心與堅持，健康美味的產品，讓機關學校得以安心團購，曾有學校舉辦園遊會時，訂購大都會冰城的手工冰淇淋和他款產品設攤，方便又有特色。

三、後記

現階段的大都會冰城，於穩定中發展，縱使永樂商圈榮景不再，縱使店前排隊的人潮離散，大都會冰城仍猶如爲朋友準備宴客甜品般用心呈現安心美食，對食材的堅持未曾更改，甚至一路追求更極致的品質。每每思及有這麼一家店家，願意在不景氣的經濟景況下，努力堅持著令人安心的產品，便覺得感動與感激。藉著此文，將我的安心美食口袋名單推薦給同樣關心食安的你（如圖22-12）。

圖22-12　美味來自對食材的堅持——大都會冰城

大都會冰城

聯 絡 人：王永誠
地　　址：彰化市成功路54號
聯絡電話：(04)7263974
營業時間：中午12點至晚上11點，沒有固定店休（幾乎全年無休）

何雅君　撰

茉莉莉
隱身在舊時布街巷弄的臺灣農食與環保實踐

一、緣起

因爲對布料和布市有著深厚的情感，老闆姊妹決定讓兩人的夢想小店在布市旁邊落腳，也因爲這個緣故，茉莉莉咖啡的許多陳設以布爲主。兩位店主透露，小時候常常看著裁縫師媽媽拿了布在剪、在車，「自己印象最深刻的部分是過年的時候，因爲大家都會趕在年前做些新衣服，所以媽媽過年前的那段時間總是很忙很忙，我年紀比較大一點之後，大概是國小的時候，我還會幫忙燙西裝褲、剪線頭，因爲西裝褲在過程中就要先燙線，再繼續把它車完，然後最後完成還會再燙一次……。」一開口，便是滿滿的回憶（如圖23-1）。這一家店由姐妹倆

圖23-1　窗台上所有的擺飾都是店主姊妹細心搜羅，選用大餐桌為到訪的客人營造家中餐桌的氛圍

一起經營，姐姐負責外場店面的經營，妹妹負責幕後的工作及行銷，「與大家分享自己對於布的記憶」是兩人共同的目標。

在選址的過程中，姊妹倆騎著車穿過無數大街小巷，看了大量的店面，卻對這隱藏在巷弄中的店面情有獨鍾，在這巷弄中多次徘徊，「其實我們是想把以前媽媽給我們的記憶，還有自己對布的這些感情放進來，經營一家有自己靈魂的店。」基於這樣子的願望，最後選擇讓茉莉莉落腳在這個鬧中取靜的巷弄，姊妹倆深知現在社會消費的模式，不全然是靠招牌，大部分品牌多是顧客透過便捷的網路相傳，進而累積出好口碑。並不只是倚靠部落客或是廣告的效益造成的，消費者會自己搜尋。在多方面的評估與考量下，兩人不僅關顧著想要與人分享的熱情，同時亦將給予她們這段成長記憶的媽媽也納入考量。原來將店址選在彰化市的堅持背後，是因爲擔心一人獨居的母親，姊妹希望可以跟媽媽再拉近一點距離，即便自己都已長大、擁有各自的生活，母親的健康與安全依然是她們心中最重要的事，若換個角度來說，媽媽顯然是促成這一家店不可或缺的存在。

二、昔日的布市風華與今日貫穿店內擺設的元素

臺灣當年的三大布莊就是北、中、南。若論北部，就是大稻埕一帶，中部就是彰化，南部的話就是臺南佳佳西市場，這三個地方的共通點便是屬於內海，也都位於舊城區，其與運輸有著極大關聯。

「在彰化很繁榮的時間，大概是五、六零年代那個時候，曾經有問過巷口的阿伯。他說，他們那邊以前地下室是舞廳，而且是好幾間的地下室都連在一起，也就是地下舞廳，那時候布市那個地方是很風潮的。」風華絕代的舊城區，有著地下室的Disco舞廳，其代表著當代的潮流或是年代的流行元素，茉莉莉在店內的陳設就利用當代的布料與排列的方式做出一些年齡層的區辨，女性的布料利用繡框高高低低的排列，呈現波浪的形狀，像是裙擺那樣子；男生的西裝褲布料就是直挺挺的排成直線，呈現出比較拘謹的紳士樣貌。姊妹倆人不僅四處去收集空

間裡的陳列物，更遠赴日本尋找靈感，選擇和彰化一樣同爲古城的京都去探訪，參考當地的元素添入自己的構想，接著再到瀨戶內海參觀藝術季，在過程中不斷的提出發想與討論，最後委託一位空間設計師，與其溝通店面的概念並請他幫忙建構，用記憶的中心思想去貫穿，將想要傳達的意念穿插在裡面，歷時約四個月的整理，店面完成裝修。這棟房子原爲胡椒工廠，屋主將房子本身保留得很好，過去多是用來儲藏胡椒香料以及進出貨盤點，承租時房屋整體狀態良好，裡面僅是灰塵厚了一點，少數一些磁磚比較老舊、有剝落情形，因此店面的裝修選擇保留珍貴的建築痕跡與工法作品，再添入想要融合的元素。利用線捲作爲桌牌，捨棄隨手可得的塑膠製桌面貼標；選用骨董縫紉機作擺設，捨棄昂貴的壁畫，在在都是貫徹著記憶中的美好。「我們曾經有一個客人，他是老屋簷的那個作者。他來的時候，他看到店裡的那個磨石子地板露出驚訝的表情。他說：你知道這個多珍貴嗎？」訪談中，姊姊說起這段客人與磨石子地板的相遇。在一般磨石子地板的施工模式中，大多是採用銅線作方格，所以地板會有黃色的、亮亮的格線。而店裡的地板則是採用成本和硬度都相對較高的大理石來做格線，那是較爲細緻的建築工法，更是現在少見的。

三、再現當代風華就從最貼近生活的飲食與環保做起

翻開店內的菜單，會發現每一項食材都已經有了清楚而且溫馨的說明，舉凡牛奶或各式蔬菜，各自的來源與合作廠商皆有明確的標註。秉持著「端出來給客人吃的，就是平常自己就在吃的這些東西」的精神尋找物料，所以店主堅持使用百分之八十的臺灣在地農產品。亦盡量採用彰化在地的食材，店主姊妹認爲自己就在這邊出生，自己現在站的土地、就是在這個地方。很希望彰化人可以更愛彰化，也可以更支持彰化，可以知道彰化這邊的好，希望不要因爲太過於唾手可得、將一切視爲理所當然，而不懂得去珍惜，那樣很可惜（如圖23-2）。

圖23-2　套餐中的配菜都是季節時蔬

負責撰寫這份菜單的是妹妹，在姐姐眼中妹妹是個浪漫的人，她很希望能夠把這一份對於土地的愛與關懷還有與布莊共存的童年情懷向大家分享。

在萬事起頭難的經營初期，妹妹就堅持店內就是要用在地食材，也堅持要環保，拒絕過多的包材，因此店內的餐具使用，從初期就選擇使用不鏽鋼吸管，亦不提供客人一次性拋棄式的包材，只要可能會增加垃圾的，茉莉莉都拒絕採用。當時剛剛開始營業的茉莉莉，可能一天下來的營業的客人還不會超過兩個，甚至有時候一整天也都沒有客人。那段時間店裡接到一個客人打電話來要訂早餐，一訂就是二十份，這樣的訂購量，可能是茉莉莉當時一個禮拜，也可能是兩個禮拜的業績，然而，向客人說明店內的環保理念，請客人自備保鮮盒到店內盛裝後，客人卻因爲遊覽車要出團去玩，不想帶那麼多保鮮盒爲由，希望茉莉莉採用一次性包材，最後，茉莉莉選擇放棄這一筆訂單。「自己每次回想到這件事，都覺得當時的堅持是對的，因爲一旦開始用了包材之後，沒有辦法再退回來不使用包材，我們就是希望往那個方向走，如果那一步沒有辦法去堅持住，咬牙忍痛拒絕掉這組客人，也許自己的核心跟主軸就不會再是現在這個模式，會被客人牽著走，之後就常用這個案例警惕自己，不要被客人牽著走，要堅持自己想做的方向跟目標。」這樣的堅持也確實爲茉莉莉吸引到一樣支持環保理念的客人。

在挺過了草創初期的艱難，茉莉莉現在採用更多日常分享的方式來提供餐點，選用的食材以及肉品都經過嚴格的把關。在採訪的同時，受訪的姐姐很熱情地告訴我：「其實我並不會特別推薦你們一定要吃哪一道菜，因爲每一道都有他們各自的特色，現在我們會在每道餐點加入季節時蔬，那些季節時蔬也會採用我媽媽自己在菜園裡面所種的菜、我媽媽自己曬的菜乾」。不過度推銷，而是邀請客人多做嘗試，同時將媽媽親手曬的菜乾入菜，將母親對於子女的愛與照顧透過餐點與客人分享，也因爲這樣的堅持與溫暖吸引了忠實粉絲，老闆回憶起某次見熟客帶孫子前來用餐，熱心的她照慣例與客人談天，順帶問候小朋友是否習慣店內餐點。想不到隨口一問，竟收獲了未曾想像的反饋：「阿嬤說，她（孩子）很喜歡，在媽媽肚子裡面就常在你們家了。」老闆笑言。那時，她才發現自家咖啡廳在無形中，已積累了一定程度的信譽及肯定。這樣的「老朋友」其實不少：「前兩天有爸爸媽媽帶著小朋友來吃飯，那個小孩要離開我們店裡的時候還跟我Kiss goodbye，那孩子從在媽媽肚子裡面就很常來，我跟她認識，比店裡的員工還資深耶！打娘胎就認識！」這般熟悉的親切感，爲店主帶來莫大鼓勵，更喚起了老闆回來彰化發展的初衷——「就覺得算是返鄉迴流，然後又回到自己的家鄉重新落地生根的感覺。」不斷光顧的熟面孔令老闆倍感溫馨，同時也意識到情感的拓展及延續，茉莉莉咖啡儼然成了第二個承接與發展記憶的「家」（如圖23-3）。

四、想要喚起更多連結與感動的夢想藍圖

現階段的茉莉莉，盼望著有更多人一起參與環保的實踐，也希望能夠有其他的發想產出，店主堅定的表示：「希望茉莉莉可以更有靈魂，我們的想像就是會有個有溫度的餐廳」，不是只有營利，而是讓大家更有感情，讓店家和客人之間產生親切與相互信任的情感，未來的夢想藍圖是有靈魂的店家，很抽象也很浪漫，同時也讓人期待，有更多的人願意搭建起一座座橋樑，連結茉莉莉與這個城市的情感（如圖23-4）。

圖23-3　餐點皆採用當地小農生產的食材，以健康與新鮮為主要原則

圖23-4　茉莉莉熱門的抹茶甜點，晚來就吃不到了

茉莉莉

地　　址：彰化縣彰化市和平路159號
聯絡電話：(04)7234356
營業時間：週一公休；週二～週四8點至17點
　　　　　週五～假日與特殊節日8點至21點

蔡宛昀　撰

專屬你的夏天
永樂八寶冰

「永樂街八寶冰」位於彰化永樂街和民生路口，離彰化的古月民俗館與孔廟近在咫尺。永樂街是彰化市區最熱鬧的一個景點，一整排的服飾店家及小吃店，在彰化人眼中是必去之地！近年在政府規劃下已有完善的徒步區，招牌亦經過完整的修改！肉包、涼圓、八寶冰都是彰化有名的老店，附近還有香火鼎盛的「慶安宮」。永樂街八寶冰，店家整體洋溢復古風、氣氛懷舊。

永樂冰店的盛名，可不僅僅是在地彰化人才知道。作家九把刀執導的電影《那些年我們一起追的女孩》亦將冰店納入電影中成爲場景的一幕！專屬彰化人的記憶，任作家九把刀揚名於此抑或市井小民熙熙攘攘在此掙錢生活，「永樂街八寶冰」的存在不僅僅是滿足老饕的口腹之慾，更是彰化市的記憶符號（如圖24-1）。

圖24-1　店內《那些年我們一起追的女孩》簽名海報

來到八寶冰店門口，不免要多看一眼：店門口的立牌上有國家前元首馬英九總統賢伉儷到彰化品嚐冰品後，留下的簽名，店家有了國家元首級的品嚐及肯定，自此來到冰店駐足的遊客更是絡繹不絕。

盛夏酷暑時節，豔陽高照，想消暑清涼，吃冰是最愜意的享受！冰品沁人心脾，無比暢快。

年幼時我就喜歡嚐冰品，無論都市或鄉村、冷飲店或小攤販，均可見冰品的販售，在人聲鼎沸的夜市，愛玉冰亦是熱門暢銷的冰品，當有客人上門時，老闆用玻璃盒裝盛愛玉，在盒內放大冰塊，冰塊的中央刨些冰屑，堆積在盒旁，下凹處則放愛玉凍，再淋些糖水及碎冰，馬上是一碗令人大快朵頤的愛玉冰。

提到愛玉的形態：老闆多會在攤車上放置愛玉籽，愛玉籽圓錐樣，頂尖底圓，表皮棕褐色，呈現顆粒狀。看似其貌不揚的籽，經過一番手工搓揉後，呈現出晶瑩剔透的愛玉凍，物以稀爲貴，由於量少加上手工繁複，眞正由愛玉籽製作的愛玉冰可說是洛陽紙貴。

彰化地區頗負盛名的「永樂八寶冰」，是一間老字號的冰店，全年販售的冰品一直維持傳統品項，冬天賣熱甜湯，配料是老闆親自用純糖依古法製作，以傳承一甲子的美味。

永樂八寶冰亦有販賣愛玉凍，手工搓揉愛玉籽，製成愛玉凍搭配檸檬汁，酸甜的冰飲，充滿層次之美在舌尖裡跳動，令人讚不絕口！

一、談談愛玉的來源吧！

來自嘉義阿里山的特產，產量日漸稀少。然維護傳統冰品製作的老闆堅持採用新鮮的愛玉，將曬乾的愛玉用湯匙把籽刮下來，刮下來的愛玉籽像極芝麻，將芝麻狀的愛玉籽裝入紗布袋中，將紗布袋浸在水中，慢慢搓揉8至10分鐘左右，便會釋出存在於愛玉籽表皮層的豐富果膠。之後可以依個人口味添加檸檬水或蜂蜜加在一起美味！（提醒喜歡吃愛玉的朋友：若要自己製作，別搓得太用力以免瘦果破裂，隔絕油脂可以讓愛玉凝結得更順利）。清洗完愛玉籽後，靜置10至60分鐘便會結凍（如圖24-2）。

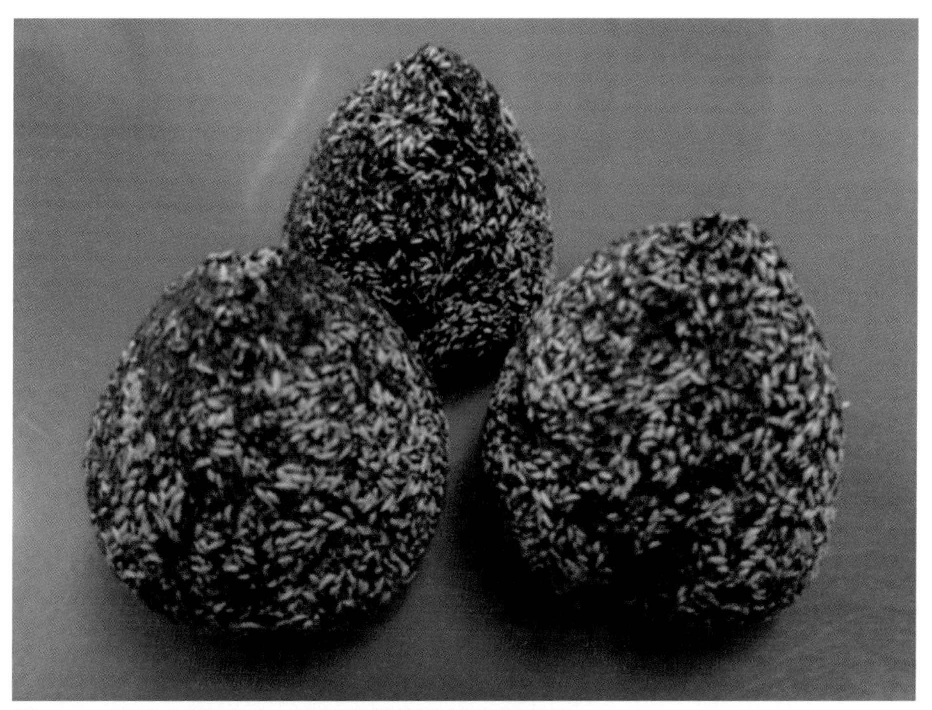

圖24-2　清洗完愛玉籽，隔紗布袋搓洗後之團狀物

愛玉的發現與命名經過，在連橫《臺灣通史·農業志》、《雅言》、《臺灣詩薈·臺灣漫錄（五）》等三書，有詳實記載。《臺灣通史·農業志》云：「愛玉籽：產於嘉義山中。舊志未載其名。道光初年，有同安人某居於郡治之媽祖樓街，每往來嘉義，采辨（辦）土宜。一日，過後大埔，天熱渴甚，赴溪飲，見水面成凍，掬而飲之，涼沁心脾。自念此間暑，何得有冰？細視水上，樹子錯落，揉之有漿，以爲此物化之也。拾而歸家，以水洗之，頃刻成凍，和以糖，風味殊佳，或合以兒茶少許，則色如瑪瑙。某有女曰：『愛玉』，年十五，楚楚可人，長日無事，出凍以賣，飲者甘之，遂呼爲『愛玉凍』。自是傳遍市上，採者日多，配售閩、粵」。

二、連橫所採錄的故老傳說亦有此一記載

道光初年（西元1821年）十八世紀初，已發現愛玉籽的蹤跡。發

現的人物來自中國大陸移民，居住在府治媽祖樓街，往來臺南、嘉義一帶買賣地方特產的商人。發現的地點是大埔附近的山溪。大埔即是今嘉義縣大埔鄉，爲曾文水庫所在地。「臺灣曾門溪邊，有薜藜繞籐樹上，結實纍纍，垂浸該彎。適有樵夫汲水飲之，涼泌心脾。采歸搾漿，陳市上，令女愛玉賣之，人因呼曰『愛玉凍』云。」該商人發現「愛玉凍」形成的秘密，返家後，試做成功，由其女兒「愛玉」銷售市場的經過。以其女兒之名稱爲：「愛玉凍」。

其他炙手可熱的冰品還有四果冰！夏季時節最人聲鼎沸的地方就是冰果室，人人點一碗自己喜歡的四果冰，配料任選：有蜜餞、楊桃、烏莓李、糖漬鳳梨、芋圓、布丁、芒果青、蜜豆、粉圓、西谷米等等，任君挑選各種口味，再淋上煉乳，一碗色彩繽紛的配料，品嚐時感受到吃冰的幸福。

八寶冰是隱藏版冰品：花生、綠豆、洋菜、粉圓、麥片、地瓜、鳳梨、紅豆所組成，口味多樣！除了冰品，冰店還有販售果汁，果汁都是用新鮮水果現打現賣，純天然！還有熱門的商品：四種冰、百香果汁、檸檬汁、汽水……等。

來介紹一下常見的果汁飲品——木瓜牛奶

木瓜牛奶的做法爲四至五塊切塊木瓜、150cc鮮奶與一匙砂糖加冰塊放入果汁機，即完成一杯香、甜、濃稠的木瓜牛奶；木瓜牛奶香濃好喝的原因，是大方，從基本食材就講究，從屏東買進網室木瓜，並搭配特選的純鮮奶，添加砂糖與冰塊打成果汁，完美的呈現出木瓜牛奶的風味！

紅豆牛奶冰：煉乳採用老牌飛燕煉乳，用臺灣本土紅豆製作冰品！紅豆製作過程冗長，紅豆加糖慢火熬煮4小時，才能煮出紅豆的香味！

西瓜汁：是店內另一項相當解渴的飲品，材料採用西瓜加一小片帶皮的檸檬，將西瓜切五至六片再放入檸檬與砂糖、冰攪拌即可，西瓜與檸檬混合的味道，酸甜恰到好處，這種酸甜的西瓜汁是老闆創意的巧思搭配！綠豆沙、水果冰也是店內暢銷的冰品，值得一試。炎炎夏日想找個地方歇歇，又想放鬆心情與三五好友聊天，永樂冰店是最佳去處！

三、看店家的獨特飲品

「熱檸檬薄荷」！治喉嚨痛、感冒頭痛功效，添加調味品中增加料理風味，混合其他香藥草作為提神茶，印地安人也拿薄荷來驅蟲殺跳蚤（如圖24-3）。

圖24-3　熱檸檬薄荷

熱檸檬薄荷功用：能提神解鬱、消除疲勞、鎮定安神、幫助睡眠、治感冒頭痛、疏風發汗、散熱解毒、健胃消腹脹、消炎止癢、防腐去腥、殺菌、清新空氣。餐後飲用更能幫助消化及去除體內多餘的油脂。

四、獨樹一幟的甜點

店家的私房點心「美美手工布丁」亦是冰品上所用的布丁，手工布丁加上滿滿豐厚的刨冰，淋上甜而不膩的糖水，看在眼裡沁涼心裡；布丁底部的焦糖香，以及濃密的蛋香味、綿實的口感，布丁嚐起來香甜滑潤，將店家親自製作的手工布丁放口中，頓時讓幸福感倍增，無怪乎許多學生在放學後總愛來品嚐一碗！

冰品，看似只存在酷暑時才擁有的幸福感，同時也承載普羅大眾的喜怒哀愁，午後時光來碗刨冰，儘管來客各有所好，然共同點是：給一份悠閒快樂的一刻，讓現代社會的忙碌緊湊的人們恣意享受沁涼的冰飲時，也共同度過美好的炎炎夏日！願這份滿足與各位分享！（如圖24-4～24-5）

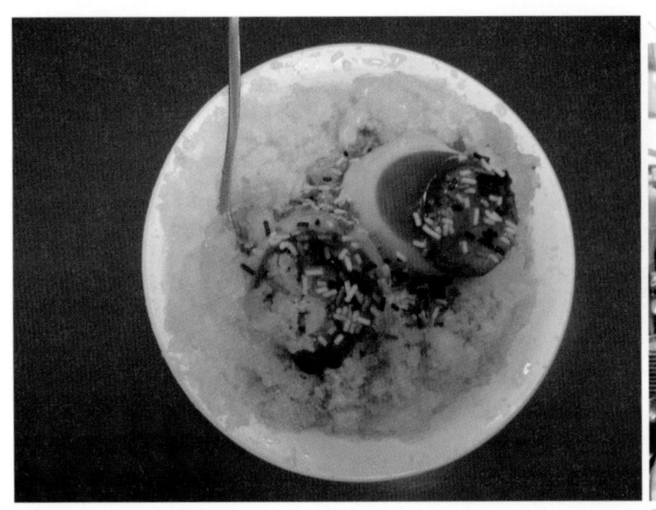

圖24-4　美美手工布丁

圖24-5　八寶冰店長

永樂街八寶冰

聯 絡 人：林明輝先生
地　　址：彰化縣彰化市永樂街61號
聯絡電話：(04)7230411
營業時間：11點至22點

陳雅惠　撰

新生的甜蜜
吉森凍圓

位於公園路的「吉森凍圓」並沒有華麗的裝修，連店面中最顯眼的部分：招牌，也十分樸素。過路人行經此地時，甚至不會發覺這裡開了一間甜品店。若要為這間特別的店舖下註解，我想「低調、實在」便是相當貼切的形容。

吉森凍圓於2007年開業，為老闆、老闆娘及其妹妹退休後經營。三人原先的職業皆和餐飲無關，緣何在離開工作崗位、卸下重擔後跨足不相干的領域，便是個溫馨又充滿巧合的故事了。

一、機緣與夢想的匯聚

老闆原本在農工處的實驗室工作，加之以前經常為家人做甜點，因而對甜品的原料、配比及製作手法頗有心得。對老闆而言，烹煮甜品無疑是最紓壓的活動：看著食材在自己手中慢慢成形、成為心中預想的模樣，成就感便悄然升騰，令他雀躍不已。且與甜點相關的回憶都是如此美好：一想到家人滿足又幸福的表情，老闆便甘之如飴，並且樂此不疲。可以說，製作甜點已成了老闆生活的一部分，難以分割，更無法抹滅。

恰好老闆朋友的父母退休前在販售甜湯，經營著小本生意。因古法費時且利潤不高，故無人接手。老闆夫婦對此感到可惜，正規劃退休生活的他們靈機一動，決定承接這項手藝，並與妹妹共同開一間屬於自己的小店，把這些甜蜜記憶給延續下去。經過一番接洽及奔波，三人終於為自己的退休生活覓得方向。

此外，尚有件值得一提的趣事：現今店址即為老闆娘的娘家。為何在此創業是其來有自——一切源於老闆娘多年的小小願望。過去老闆娘長住外地，只有在特定時日才乘車回彰化。回想起那段時光，她仍舊難掩笑意，並透露：每次從火車站下車後，總要再走上好一段路，才能回到家裡。彰化車站到家中的距離其實不算太遠，但烈日當頭，自己扛著大包小包，時間一長便感到乏力又燥熱。疲累的她只想找個地方坐坐，這時如果能來點涼飲便再好不過。「一路走過來很熱，當時的冰品和冷飲店也比較少。那時候我就在想，要是路上有賣個什麼涼的就好了。」老闆娘笑言，最初的構想十分直接且簡單，沒想到竟有「夢想成眞」的一天。當中種種偶合，似是無數機緣的匯聚、碰撞，促成了「吉森凍圓」的誕生，令人不得不驚嘆因緣的奇妙（如圖25-1）。

圖25-1　吉森凍圓店面

二、以「歡樂」製成的料理

秉持著「以爲家人下廚的心情，烹調給顧客的甜品」原則，老闆娘對食材可說是相當講究。「我們都有在挑材料。有些東西看起來沒有差別，但吃過就會發現不同。好材料的口味眞的就是不一樣。」老闆娘表示，若沒有親自揀選、試用，便無法區分原料適合與否。現在的成果，都是靠親身嘗試得來，半點馬虎不得。所謂「實踐出眞知」莫過於此。

材料選用上，店家使用臺糖出品的糖，其質地較進口的糖硬，耐煮不發酸。使熬煮的甜湯基底更加香醇濃厚，又不會過度甜膩，嚐起來爽口宜人。芋圓的芋頭、地瓜用量極多，僅摻入少量的地瓜粉固形，因而口感扎實綿密。細細咀嚼還能品嚐到芋頭及地瓜的顆粒，帶著淡淡根莖類的清香與甘甜，軟糯卻不失嚼勁。其他配料也毫不含糊：老闆選用碩大且殼薄的萬丹紅豆，搭配質實肉厚的薏仁，穀物顆粒分明、質地飽滿，漂亮地盛裝在碗碟內，視覺效果賞心悅目。美觀的同時，更不曾落下味覺體驗：調味甜度適中，入口鬆軟細密。種種美好元素，構成一場多重饗宴。至於仙草，則遵循古早方式熬製，不添加任何香精及色素，保留了傳統的美味。正因如此，吉森凍圓的製程比一般仙草更爲耗時與費工，爲了維持穩定的供給，兩人五點多便須準備前置作業。但老闆夫婦不畏麻煩，仍堅決使用原始的方法，希望以天然的食材滿足大家的味蕾。被問及「退休後還得如此辛勞，難道不會厭倦嗎？」老闆娘僅笑答：因爲找到了人生的新目標與意義，每天都過得非常充實，所以這些疲累都「還好而已」。樂觀開朗的態度，在在鼓勵著身旁的人們重拾熱情，積極面對生活（如圖25-2）。

三、與熱血一同奔流的探索精神

具有實驗精神的老闆並不囿於原本的菜單，自己新研發了抹茶凍與蓮子銀耳。當初學習技藝時，老闆僅習得最傳統的甜湯及仙草製作工法，但喜歡嚐鮮的老闆夫婦認爲這些遠遠不夠。即便退休，仍舊保持年輕及時髦心態的兩人，興趣便是觀察時下流行的事物，再將其帶回家摸索與研究。當時市面上正掀起一股「抹茶風」，在嚐過相關製品後，夫妻倆便拍板定案，決定開發抹茶口味的涼凍，並列爲主打商品。

但想像與實際情形總有落差，推出抹茶凍的路上並不順利。最初不熟悉抹茶粉特性，因而經常失敗。老闆娘坦言：那時夫婦經常對著失敗品面面相覷，試過許多遍，仍不知道哪個環節出了差錯。「爲什麼人

圖25-2　店內櫃臺與陳設

家做出來的這麼漂亮，我們的成果卻不理想？」經過老闆不斷調製及排除變因，兩人終於知曉了原因——原來抹茶粉只要溫度過高，顏色便會發黃，進而影響賣相。研發得到了成果，使夫妻倆雀躍不已。老闆娘更打趣道：「那段時間我每天都被他叫醒，一直試吃，吃到最後都有點害怕，有時候甚至不想理他！」據悉，當時老闆爲了尋找失敗根源，每天都要重新配比及試作，並要求家人一同品嚐。如此反覆半年，才研製出令人滿意的抹茶凍（如圖25-3）。

圖25-3　經過多次試驗後，終於研發成功的抹茶凍

但興奮沒有持續很久，當大家以為抹茶凍能成功上架時，現實因素又潑了兩人一桶冷水。「少量做和大量做是不一樣的。以前是做一點點自己試，現在要煮一大鍋，那個溫度和時間都會變啊！很多好不容易想出來的解決方法都要推翻重新做。」當時未考慮自家烹調和經營商家的差異，因而忽略了份量對製作流程的影響。為此，老闆又投入了大量心力調整，最終才找到兼顧現實條件與理想口味的訣竅。雖然過程艱辛，但成品超乎想像地成功：抹茶凍的茶味濃郁卻不苦澀，還摻著一絲清爽甘甜，滑嫩的口感入口即化，飽受食客好評。付出得到回報，讓老闆娘直言一切都是值得的。

四、甜蜜得化不開——濃厚的人情味

吉森凍圓的魅力，其實不僅止於美味的甜品，還有來自長者們的濃厚人情味。憶及童年，老闆娘便帶著些許懷念及惆悵：過去普遍物資缺乏，兒時的自己與兄弟姊妹經常想到甜食便蠢蠢欲動，卻因環境關係無法一飽口腹之慾。因而若店內有較為清貧的學生光顧，便會不自覺地引起老闆娘的共鳴。在盛裝甜品時，老闆娘就默默為其加大份量、多添一些湯料，希望經濟狀況欠佳的學生，也能常常享用甜品。正是這無私大方的個性，吸引了不少年輕的回頭客。似是回想到令人振奮不已的事，老闆娘開懷笑道：許多已畢業的學生再次到彰化時，仍記得回來捧場、與老闆夫婦分享近日生活，離去前還不忘再帶幾份回家享用。這讓她倍感欣慰，覺得在普通的買賣外，還與顧客建立了雙向的互動、拉近了彼此的距離，使大家的關係不再限於冰冷的「商家」及「消費者」（如圖25-4）。

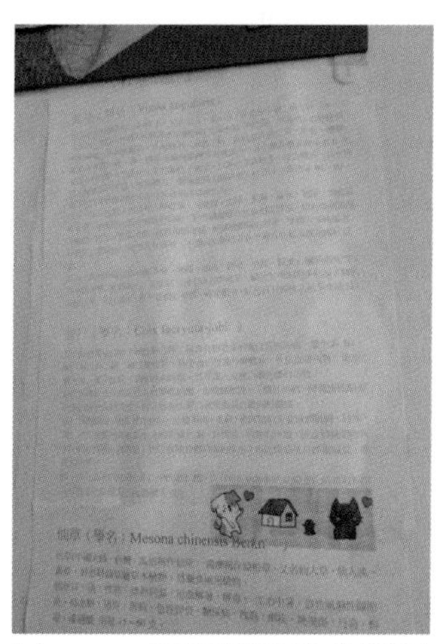

圖25-4　店家張貼的食品科普文宣

除了青年族群外，吉森凍圓的常客中亦有不少長者。老闆娘回憶一位印象很深的客人，便是個上了年紀的太太。因爲身體不佳必須戒吃甜食，但有時又忍不住嘴饞。在徵詢過醫生後，老太太便託家人到店內購買芋圓。貼心的老闆娘也會爲其客製化，以白開水取代原本的甜湯，讓老太太能不受拘束、放心地品嚐喜歡的食物。「每個人狀況都不一樣，所以我們也看你的需求」。

對老闆娘來說，這間店是她與鄰里、親友及時下年輕人聯繫的橋樑。過去曾有顧客提出加盟意願，但被老闆夫婦拒絕了。一方面是擔心展店太多無法維持品質，另一方面是開店初衷便與營利無關——小本生意的利潤本就微薄，何況夫婦訂定的價格公道：「我們本來就沒打算賺錢，就是想給自己找點事做。」老闆娘笑說大家的本意僅是規劃精彩的退休生活，且自己很享受做生意的另一樂趣：與顧客談天說地，因爲這種面對面的交談最爲眞實。所以比起收益結果，大家更在乎與人相處的過程。「大家開開心心就好。」

現今吉森凍圓的「規模」日益龐大，「員工」不僅有創店的三人，還多了老闆娘的兄嫂。所有人各司其職：熱愛下廚的老闆烹煮甜品、性格外向的老闆娘負責外場、對商務較有經驗的妹妹最初申請開業許可，現在則幫忙維持店內運作，兄嫂則在忙碌時前來支援。一家和樂融融，將退休生活過得有滋有味，並將快樂散播給所有來店的顧客——今日的吉森凍圓，依舊洋溢著甜蜜的氣味。

吉森凍圓

地　　址：彰化縣彰化市公園路一段40號
聯絡電話：(04)7276735
營業時間：週一至週日10點30至19點

孫漢寧　撰

彰化木瓜牛乳大王
療癒夢幻的青春滋味

位於彰化市的孔廟對面，靜謐古樸的氛圍中還有一間陪伴彰化人走過一甲子的好味道，彰化木瓜牛乳大王在民國47年創立，由第一代老闆盧葉源，也就是受訪者盧宏達的阿公，開始以路邊攤的形式經營，最初的店只有一坪大，後來隨著時代轉變從路邊攤變成擁有店面，也就是老一輩人所熟悉的冰果室，而到現在，店面外頭擁有新穎的招牌看板，顯見盧家三代經營者總是隨著時代不斷地給予顧客全新的面貌（如圖26-1、26-2）。

圖26-1　彰化木瓜牛乳大王明亮的招牌

圖26-2　店内的品項由少至多，發展至現今的多元化

一、一步一步，走過60年的新鮮與堅持

而彰化木瓜牛乳大王的店名，是由第二代老闆盧信彰所命名，因爲當時很風行店名有大王二字，比如說豬腳大王，又因爲在彰化立足做生意，就決定取名爲彰化木瓜牛乳大王，而彰化木瓜牛乳大王也已經有60年的歷史，漫長的歲月中，也經歷了大大小小的事情，除了店面的轉型與現代化，店中的產品也由10幾種一直到現在的40、50種，早期店中的產品偏向古早味，像是綜合果汁，固定選用西瓜、鳳梨、木瓜、

芭樂、檸檬5種水果下去打製而成，自然鮮甜又好喝，之後又因爲老闆擁有求新求變的精神，會一直隨著時代開發新的產品以因應新顧客的需求，但也堅持仍保有最原始、最傳統的好味道，招牌的木瓜牛乳一直都使用最新鮮的木瓜以及味全鮮乳，而經營者的精神也已經陸續由第一代傳承至現在的第三代，現在的彰化木瓜牛乳大王對老顧客來說，品嚐的是一種回憶與思鄉的味道，對年輕人來說，就是一家歷史悠久的老店，早期的臺灣，初相識的情侶喜歡在冰果室約會，有許多人後來結婚，又帶著自己的孩子也來品嚐爸爸媽媽年輕時所喜愛的戀愛滋味，那樣的甜蜜自然是不言可喻，而也有許多從外地到彰化來讀書的異鄉學子，在畢業幾年後偶爾回到彰化，也會回來品嚐或與同學們約好在此一聚，店中的招牌商品木瓜牛乳，有一個十分厲害的特色是把吸管立於杯中，但吸管卻不會倒，這實實在在的證明了木瓜牛乳的濃郁，而不是添加一堆水與冰塊，木瓜牛乳的濃、醇、香是三代用心經營，堅持傳承的不變精神（如圖26-3）。

圖26-3　木瓜牛乳的橘色，相當夢幻

三、彰化木瓜牛乳大王的歲月與改變

彰化木瓜牛乳大王度過了60年，陪伴了盧家三代人，當問起第三代老闆盧宏達，這家店給予他的回憶是什麼感覺呢？盧宏達笑著說：「從小就是在店中跑來跑去長大，從最簡單的收盤子、收杯子開始，也經歷了店裡的好多變化。」比如他回憶起，早期的店是不使用塑膠杯的，木瓜牛乳是用塑膠袋盛裝，再用大家都很熟悉的粉紅色塑膠繩綁起來，後來才轉變爲使用塑膠杯，而他也一路見證新時代顧客需求的日益轉變，消費習慣與消費方式都跟以前不同了，從早期只有現金支付，到如今配合政府也使用電子載具與電子支付，店家裡裡外外的裝潢與視覺也走向乾淨簡潔和現代的風格，但牆上一整排的舊照片，依然提供給老顧客拾取數十年來，屬於自己與店家的成長記憶，而盧宏達也透露目前也正在籌劃再擴展一家新的店面，口味仍然維持原有的味道，但店家風格卻會走向最符合年輕人潮流的新感覺，新舊的交替，但不變的是，他們一路努力在創造給予顧客的好滋味與美好記憶。

店中所使用的木瓜及其他水果，都是老闆會親自到果菜市場挑選，甚至半夜3、4點就會到早市買水果，因爲配合很久的水果商都會告訴老闆新鮮貨什麼時候到，所以不管再忙再累，也不會改變老闆想親自挑選水果的想法，選用的木瓜色澤、香度、甜度都要好，嚴格細心的維持使用水果的品質，因爲老闆相信顧客喝得出他們的用心，即使近年來臺灣經歷不少次食安風暴，但店中的生意卻未受很大影響，也代表了顧客對這家60年老店擁有很高的信任感（如圖26-4、26-5）。

圖26-4　盧老闆忙碌的身影

圖26-5　盧老闆對品質相當堅持，總是親力親為

挑選木瓜的方法，盧宏達認為是一個經驗談，他回憶從小時候到現在，臺灣隨著農業的進步與近年科技的改變，木瓜的品種和品質也與以前大不相同，而挑選木瓜的秘訣，第一步除了看木瓜的外型，也需花時間等待木瓜自然的熟成，掌控木瓜的熟成度，夏天與冬天由於氣候溫度的變化，熟成的時間也不同，自然熟成的狀態便是決定木瓜鮮甜滋味的重要因素，因為配合很久的水果商都清楚知道他們所要的木瓜品質，再經過老闆的細心挑選，總是能將好的木瓜製作成木瓜牛乳給顧客們。

三、分家仍和睦，情感與美味的傳承

而在彰化的中正路，緊靠員林客運站的旁邊，也有一家彰化木瓜牛乳大王，是由第二代的二弟所經營，為了做出不同店的區隔，二弟盧信雄自行開發紅豆鮮乳冰淇淋，彰美路也有一家由第二代的三弟所經營的分店，三弟自行開發了麥角牛乳冰，雖然各自分開經營，但他們仍謹守父親要他們兄弟和睦的精神，兄弟生意彼此互相配合，價格也同步調整，布丁、鮮乳、煉乳都是使用同一貨源，分家但不失和。三兄弟之間「兄弟爬山、各自努力」，但彼此間的感情依舊不錯。

如今店中的經營漸漸由第二代老闆傳承給第三代的盧宏達與盧宏富兩兄弟，當問到爸爸有沒有給他們必須堅持的經營精神，盧宏達說：「爸爸最堅持的就是食材的品質，他寧可不賣，也不願睜一隻眼、閉一隻眼的含混帶過，用不好的食材來提供給消費者，這是60年下來最堅持的事。」因此才會從挑選木瓜到處理食材都是親力親為，絕對不會透過任何食品代工廠來做，因為他們始終堅信透過自己的把關，最能維持產品的優良品質，而這份用心也是消費者能感受到的。父親對水果品質的嚴格把關精神，也同樣展現在對兄弟倆工作的要求上，在訪問時，盧宏達對店中的經營歷史與管理現況侃侃而談，輕鬆自然又大方的態度，顯見他們如今已經能夠獨當一面，但過去也不是沒有面臨過挫折，盧宏達說店中的剉冰就屬紅豆牛奶冰最暢銷，一大鍋6公斤的紅豆需小火慢煮3小時，年輕人總是愛玩，煮紅豆悶熱又無聊，負責煮紅豆的他曾心不在焉，火候過頭、飄出焦味，本想矇混過關，父親發現後大罵，並倒掉整鍋紅豆。從此之後，盧宏達變得更加細心，也更能體會父親細心顧好食材品質的用心，從此無論煮任何食材，都會親自在廚房旁邊顧火，不僅熬出了好品質的原料，也熬出了盧宏達的成長。

四、走向新時代，把飲料送到每一位顧客手中

近期流行的外送美食平臺foodpanda與uber eats也進駐了彰化市，而彰化木瓜牛乳大王也配合了新時代的消費者需求與平臺合作，盧宏達說其實一開始真的覺得有些猶豫，而父親也反對加入，因為水果的成本是浮動價格，平臺的抽成對他們的成本控制也是一大負擔，但後來也考慮到這也算是一種新的行銷方式，也能符合某些喜歡他們飲料的消費者的需求，比如說有的顧客也是經營店家，只有一個人在顧店，也無法中途跑出去買飲料，或是醫院中的護理師，必須守在醫院中，透過外送美食平臺，就能很方便的買到他們的飲料。除了行銷之外，也是店家對喜愛他們的顧客的一種貼心，一杯用心的木瓜牛乳，或許也讓一些正處於上班壓力的人，得到暫時的放鬆與療癒，更有精神面對接下來的工作呢！

走過了60年的歲月，木瓜牛乳帶給盧家三代人的，是一路篳路藍縷、胼手胝足的奮鬥過程，平凡的一杯果汁，背後的用心卻不平凡，他們用青春歲月所付出的心力，也陪伴了每一位喜愛彰化木瓜牛乳大王的顧客，夢幻療癒的橘色，彷彿能帶人走進甜蜜的異想世界，也許曾經是那個穿著白襯衫與黑褲黑裙的中學生，在夏日體育課結束後，來上一杯冰涼的果汁釋放全身的汗水；也許是正面臨著升學考試的高三生，面對沉重的考卷之餘，一杯濃醇香的木瓜牛乳，也能暫時解放疲勞的心靈，或是在假日出遊的一家人，煉乳與牛奶的甜香，在爸爸媽媽的回憶話語中，把他們的故事告訴自己的孩子，那樣貼近的情感，就如同木瓜與牛乳美好的融合一般，喝的是純香的滋味，一幕幕年少純真時的感動與悸動，一口口香甜，是對夢想與未來的想像，晴朗的藍天白雲，幾代人的笑容與汗水，在木瓜牛乳流動的夢幻橘色中來來去去，而彰化木瓜牛乳

大王也不會停下他的腳步，只爲了將最好的味道，分享給每一個熟悉的或是還不認識他們的客人，讓感動的滋味一直延續。

彰化木瓜牛乳大王

地　　址：彰化市中華路37號
聯絡電話：(04)7249840
營業時間：週一至週日上午11點至下午10點

廖乙璇　撰

龜毛出好冰
水利冰屋

一、貨眞價實、講求信用的古早傳統

古蒙仁〈吃冰的滋味〉一文中寫道：「現代的冰品，拜科學昌明之賜，固然色彩繽紛，花樣百出，但單就口味而言，比起臺灣早年的冰製品恐怕就遜色了。原因無他，早期的社會單純，小生意人講的是信用，貨眞價實，童叟無欺。近人講究包裝，較重外表，內容則能省則省，一般消費者很難逃過這種障眼法，品質就缺乏保障了。」位在中山國小斜對面的「水利冰屋」絲毫沒有重視包裝、節省成本的現代色彩，而是固守著貨眞價實、講究信用的古早傳統。水利冰屋自1986年開業至今，已有三十餘年的歷史，始終是秉持傳統理念銷售冰品，之所以能夠維持這樣的傳統，乃在於老闆石岩對冰品衛生、新鮮及味道有著完美的要求（如圖27-1）。

圖27-1　位在中山國小斜對面、維種大樓旁的水利冰屋。

二、賣冰還房貸

老闆石岩在大村出生成長，學生時期的成績相當優異，但因家境關係，未能繼續升學，國小畢業後便出社會工作。因為彰化鄰近對乳製品有高需求的臺中都會區，在地理性的條件下，酪農業成為彰化具代表性的產業之一，而老闆石岩最早從事的行業即是酪農業。在酪農場工作的經驗培養出老闆對牛奶的敏銳度，石岩自豪地表示自己只要喝一口牛奶，便知道是不是好牛奶。但是，隨著農業機械化，以往如擠牛奶般的粗活，逐漸被機器取代，恰巧此時臺灣正處於經濟起飛的時代，建設公司紛紛大興土木，廣設屋舍，土木工程前景看好，老闆便與丈夫一起去工地綁鋼筋賺錢維生，現今冰店的店面正是當時作工程時所建的公寓。這個建案的地主是一對兄弟，哥哥在大學當教授，不過後來離世，而弟弟要去美國深造，老闆和先生便以貸款方式向地主購屋。因工地具有一定的危險性，在工地做了約七、八年後，1985年便改行在購得的房屋經營起飲品店。最初，因使用統一鮮奶製作飲品，因此以「統一」作爲店名。當時有貸款的壓力，而開店之初，生意又不見起色，便將店面租給火鍋業者，不過火鍋店的生意也不太理想，做了三、四個月就關門退租了。正煩惱著要如何減緩貸款壓力時，子女建議可以來賣冰看看。西元1986年，老闆採納子女的建議，開始賣冰。由於店面位在農田水利會（維種大樓）旁，同時，希望能扭轉先前慘澹經營的命運，於是重新將店名起名爲「水利冰屋」。

三、料理食材需要準備到三桶鍋？

爲了讓生意有起色，因此石岩苦心鑽研製作美味冰品的方法，並自行研發各種口味。石岩表示每次在研發新口味時，都會做好「會失敗很多次」的心理建設，接著便會準備三桶容器來嘗試成品，而爲了避免食材的浪費，因此會以少量的食材去做實驗，做到自己覺得滿意爲止。石岩以研發花生雪綿冰時的經驗作舉例，花生雪綿冰便是在歷經三次失敗後，才調製出自己滿意的味道。第一次做的時候，因爲覺得口感不夠軟爛，所以便參考其他人的做法，加入蘇打粉，可是蘇打粉其實對身體並不好，擔心會影響到客人健康，所以在第三次製作時，就大量減少使用蘇打粉，但是仍不盡己意，後來在第四次製作時，便只加入二砂來調味，結果發現只要簡單的調味，就能創造出滿足味蕾的美妙滋味（如圖

27-2、27-3）。而其他口味的冰品也大多是在歷經無數次的嘗試後，才做到「連自己也覺得好吃」的地步。石岩說店內如烏梅、八寶等食材，大多數都是自己研發製作出來的。筆者造訪當天是冬至，應景地點了一碗湯圓，而該店的湯圓內有原味、紅麴、薑黃、紫米、抹茶、蝶豆花六種口味，除了原味外，其他全是石岩自己料理的。湯圓一咬下，食材天然而純粹的味道即在齒頰間流淌擴散，由此即足以證明這些食材確實爲眞材實料。

圖27-2　水利冰屋招牌冰八寶牛奶冰

圖27-3　老闆自行研製的紫米湯圓

四、己所不欲，勿施於人

冰品不只要美味，爲了讓客人能夠好好享受飄飄欲仙的感動，更要新鮮，才不至於讓客人在大享口福後，卻得面對身體不適的後果，因此食材的衛生更是馬虎不得。石岩說：「我自己都不敢吃的東西，哪裡敢拿給別人吃啊！」在這樣的堅持下，石岩相當重視每一道食材乾淨與否、有無異味、是否會有健康疑慮。筆者當天吃的湯圓，正是老闆戴手套搓揉而成的，確實能看出石岩對食材清潔的重視。其他像是大豆一定要洗乾淨再泡，並且洗到水質不再混濁爲止，一桶綠豆甚至要洗11次才可以。而準備芋頭時，只要芋頭表面上有小黑點，一定要用刨刀削去，並且會直接剖開，嗅聞有無異味。之所以這麼做的原因是萬一準備到後面，發現食材鍋有異味的話，追求完美的她必得再從鍋內慢慢挑出有問題的芋頭，並再洗一次，如此將會耗去許多時間。而每一道食材在調理上都有最佳的時間及條件，例如咖啡在攝氏85度時，能夠保有最香醇的味道。唯有在良好的條件下，方可呈現最佳的口感，所以石岩在備料、製作時，都會拿捏好時間、掌握好火侯，爲了不打亂節奏，因此工作的時候絕對不接電話，免得食物呈現出的味道會不如預期。石岩自嘲自己非常龜毛，因爲對於食材的高要求，不少員工都被嚇跑了，連兒子都曾建議石岩要學會放下。此外，因長期泡水、摩擦，讓她的手日益粗糙，說著說著，石岩便伸出她的手，說道：「我現在幾乎都不太長指甲了，所以幾乎不用再剪指甲呢！」（如圖27-4）

圖27-4　老闆追求完美的個性反映在各個層面上，連店裡菜單的美食照都是她自己找方法去學習、搭景後拍攝的。

五、做生意的不是都要挑最便宜的嗎？

對於食材的要求，不只展現在衛生方面，也反映在原料上。石岩說店內冰品的原料都是使用最頂級的食材，像是芒果冰的芒果是選用新鮮且限量的玉井愛文芒果；而爲了製作抹茶冰的醬，石岩每天晚上就會先煮好開水，隔天再用少量的水，以中小火慢慢加熱。石岩說抹茶要好吃的祕訣就在於濃郁、微苦、不甜膩，外面多數店家的抹茶爲了講求效率，因此都會不斷加水，最終流失了抹茶的原味。此外，巧克力、鮮奶、煉奶等食材也是使用最好的材料，巧克力醬使用的是被視爲美國最佳的巧克力品牌HERSHEY'S，鮮奶是採用主恩有機鮮奶（如圖27-5、27-6），而這家的鮮奶同時也是石岩先前從事酪農業時選用的鮮奶，除了因與業者有一定程度的交情外，優良的品質更是其採用的主因，煉奶來源則爲有品牌標籤認證的臺農煉乳。就連再普通不過的糖水，也都是自己每天花4小時精心熬煮的。因爲對於食材的選用有「近乎苛求」的標準，石岩不自覺有了一套屬於自己的「食譜」，還毫不藏私地向筆者分享挑選材料的秘訣。像是若在外面吃到色澤晶瑩剔透而且口感特別甜

圖27-5　選用的巧克力醬是美國最頂級的巧克力品牌HERSHEY'S

圖27-6　選用的鮮奶是主恩有機鮮奶

的紅豆，那就代表該紅豆是罐頭食品，因爲眞正新鮮的紅豆在歷經淘洗後，無法呈現出瑩亮飽滿的色澤。鄰近市場某攤販的老闆指證歷歷地說石岩每次來採買芋頭時，總要她推薦最好的，剛開始她訝異的說道：「做生意的不是都要挑最便宜的嗎？」但隨著每次買賣的經驗，她逐漸了解到石岩做生意的理念，所以後來便與石岩培養出默契，將最貴但最上等的芋頭留給她。

六、我賣的是新鮮、美味，不是薄利多銷

由於選用的是耗許多時間把守衛生的食材及花許多心力及金錢挑選的頂級原料，因此自然也反映在價格上。不少客人都抱怨冰品價格太貴，直逼臺北，這令石岩不禁喊冤道：「很少像我一樣花那麼多時間備料、研製口味，也很少店家像我一樣用玉井限量愛文芒果、主恩有機鮮奶等高級食材下去製作，你說這個價格會太貴嗎？我還覺得很合理咧！我賣的是新鮮、衛生、美味，不是爲了薄利多銷！」黃姓前員工便說老闆總是晚睡早起地用心備料，用料扎實，在店內任職期間，老闆總是一再叮嚀絕對不可偷工減料，所以這樣的價格一點也不浮誇。「一分錢、一分貨」的道理絕非空穴來風。

七、鮮、壯、奇、特、醇

在訪談的過程中，從石岩鉅細靡遺地描述食材的準備、原料的挑選到口味的研發過程，能夠強烈感受到其對自身產品的信心。有三位騎單車環島的香港青年便表示水利冰屋在香港有一定的名氣，所以他們行經彰化時，便特地來訪；而住在附近的某居民也說有一次韓國友人來臺灣找她時，還指名要吃水利冰屋，以前因看到店內客人不少，所以沒有什麼造訪的興致，但當韓國友人這麼一說，她才有機會認識家裡附近這家美味的冰店。

除了外國遊客外，對於店家周遭居民而言，水利冰屋更是如總是提供料多味美冰品的芳鄰一般。從店家對面的中山國小畢業已二十年餘

的謝先生說：「水利冰屋是從小吃到大的冰店，吃的不僅是甜美滋味，更是幸福回憶。」水利冰屋有許多像謝先生這樣的忠實顧客，在中山國小任教的某位體育老師表示從年輕在校任教以來，每回想吃冰，便會來水利冰屋，可能因爲常來，所以和石岩也成爲多年好友了。不只是他，連兒子也是老主顧。將要當阿公的他笑稱：「我們祖、父、孫三代搞不好都會成爲水利冰屋的常客。」而來自臺北並在維種大樓內某補習班授課的數學老師是水利冰屋常客，每次回臺北前，不時外帶冰品回去，這名老師表示：「這家的芒果冰用料眞的很實在，比永康街的還好吃。」從觀光客到在附近工作、居住客人的肯定來看，可以說明水利冰屋正是因其美味而名聞遐邇。石岩說：「我是不敢說我們家的飲料有比彰化木瓜牛奶的好，但是我對我做的冰品感到自豪，整體下來，在整個彰化的冰品飲料店來講，就算沒有排第一，應該也有在前五。」雖然沒有名店那般大排長龍的人潮，但是名氣卻不遜於排隊名店。從無數的回頭客觀之，正證實水利冰屋予客人在鮮、壯、奇、特、醇層面上的感動。

水利冰屋

聯 絡 人：石岩
地　　址：彰化市中山路二段663號
聯絡電話：(04)7256689
營業時間：每天10點至賣完為止（大多為晚上6點）

曹仲寧　撰

★店家優惠：

（此店家優惠限初版一刷書籍，每張券限享一次優惠，店家保留更改優惠辦法權利。）

優　惠　券

黑頭碗粿（中正店）

購買碗粿，憑優惠券贈餛飩湯一碗。

虛線剪下

優　惠　券

黑頭碗粿（華陽店）

購買碗粿，憑優惠券贈餛飩湯一碗。

沿虛線剪下✂

優　惠　券

堂記古早味糯米炸

憑優惠券享下列優惠二擇一：

1) 買三份糯米炸，送一杯古早味麥香紅茶。

2) 買一份糯米炸及一杯飲料，折5元。

虛線剪下

優　惠　券

大都會冰城

憑優惠券贈送有機豆漿豆花一碗。

沿虛線剪下✂

優　惠　券

彰化木瓜牛乳大王

優惠券消費滿150元送一顆手工布丁。

虛線剪下

優　惠　券

阿章肉圓

憑優惠券買肉圓送貢丸湯（限內用，不限碗數。例：點一份肉圓送一碗貢丸湯，點四份肉圓送四碗貢丸湯。）

沿虛線剪下✂

優　惠　券

吳記大腸蚵仔麵線

憑優惠券招待一碗綜合口味麵線糊

優　惠　券

魯穀香牛肉麵

憑優惠券，凡消費即贈30元小菜一份。

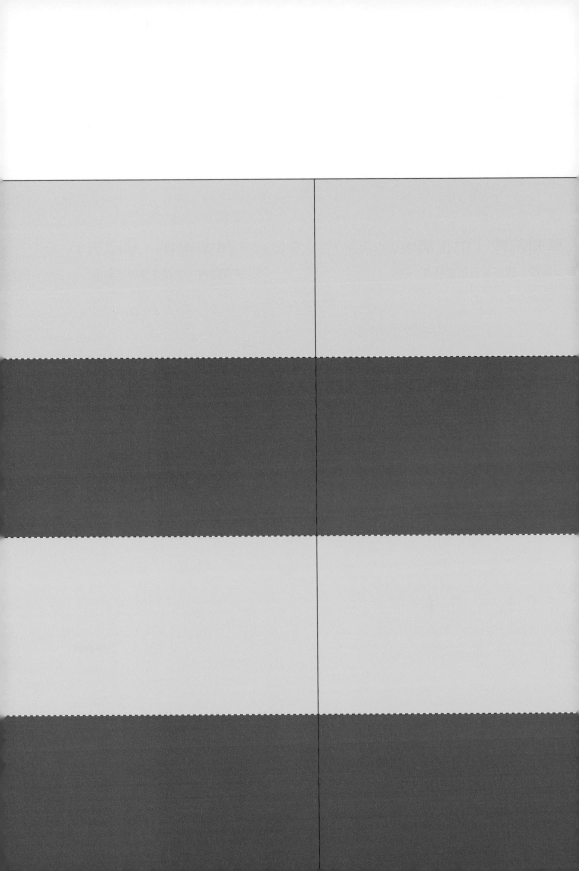

優　惠　券

福華堂

憑優惠券，來店訂購蛋糕享九折優惠。

虛線剪下

優　惠　券

義華卦山燒

憑優惠券，來店即送小點心一份。

沿虛線剪下

優　惠　券

永樂八寶冰

憑優惠券，來店單品可折抵五元。

虛線剪下

優　惠　券

三角埔仙草（彰化本店）

憑優惠券打九折優待。

沿虛線剪下

優　惠　券

阿東社咖啡

憑優惠券贈送一杯咖啡及一份餅乾。

虛線剪下

優　惠　券

獨立思考咖啡

憑優惠券來店點購飲品可折20元，限用一次。

沿虛線剪下

優　惠　券

茉莉莉

優惠券，提供14:00-17:00任一飲品享6折
惠（提醒：外帶需準備外帶杯！）

剪下

優　惠　券

貴美潤餅

憑優惠券三捲120元（原價一捲45元）。

沿虛線剪下

優　惠　券

彰化涼圓

憑優惠券買十送一

國家圖書館出版品預行編目資料

食在磺溪：彰化市飲食產業故事／葉連鵬，黃慧鳳主編；蔣敏全等著. -- 初版. -- 臺北市：五南，2020.08
面； 公分
ISBN 978-986-522-033-4（平裝）

1.飲食風俗 2.餐飲業 3.彰化縣

538.7833 109007222

1XJF 現代文學系列

食在磺溪
彰化市飲食產業故事

主　　編 — 葉連鵬、黃慧鳳
作　　者 — 蔣敏全、陳毓娟、黎駿達、張文玲、陳雅惠、曹仲寧、孫漢寧、廖乙璇、何雅君、蔡宛昀（按文章排序）
發 行 人 — 楊榮川
總 經 理 — 楊士清
總 編 輯 — 楊秀麗
副總編輯 — 黃惠娟
責任編輯 — 高雅婷
校　　對 — 謝怡婷
封面設計 — 姚孝慈
出 版 者 — 五南圖書出版股份有限公司
地　　址：106台北市大安區和平東路二段339號4樓
電　　話：(02)2705-5066　傳　　真：(02)2706-6100
網　　址：http://www.wunan.com.tw
電子郵件：wunan@wunan.com.tw
劃撥帳號：01068953
戶　　名：五南圖書出版股份有限公司

法律顧問　林勝安律師事務所　林勝安律師

出版日期　2020年8月初版一刷
定　　價　新臺幣360元

經典永恆・名著常在

五十週年的獻禮——經典名著文庫

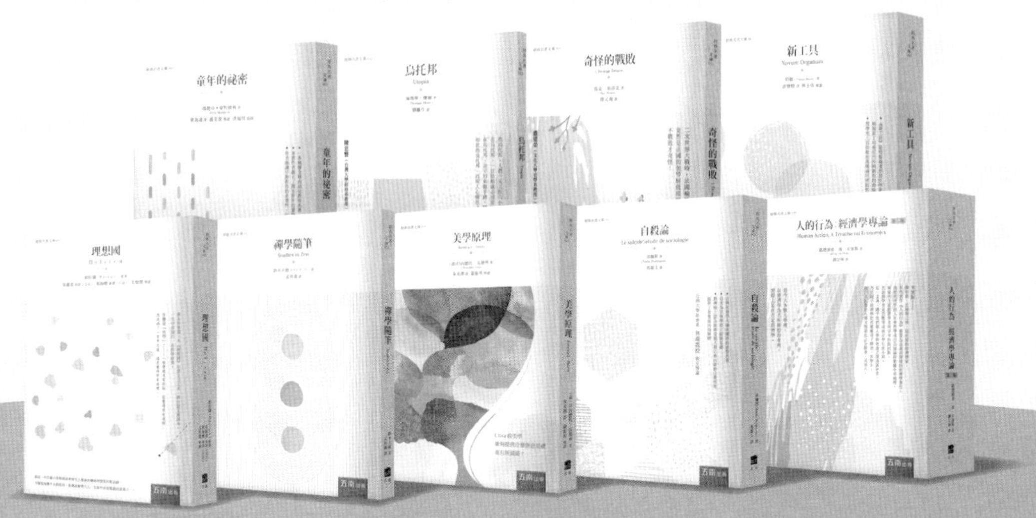

五南，五十年了，半個世紀，人生旅程的一大半，走過來了。
思索著，邁向百年的未來歷程，能為知識界、文化學術界作些什麼？
在速食文化的生態下，有什麼值得讓人雋永品味的？

歷代經典・當今名著，經過時間的洗禮，千錘百鍊，流傳至今，光芒耀人；
不僅使我們能領悟前人的智慧，同時也增深加廣我們思考的深度與視野。
我們決心投入巨資，有計畫的系統梳選，成立「經典名著文庫」，
希望收入古今中外思想性的、充滿睿智與獨見的經典、名著。
這是一項理想性的、永續性的巨大出版工程。
不在意讀者的眾寡，只考慮它的學術價值，力求完整展現先哲思想的軌跡；
為知識界開啟一片智慧之窗，營造一座百花綻放的世界文明公園，
任君遨遊、取菁吸蜜、嘉惠學子！